Erfahrungen einer Rutengängerin

KÄTHE BACHLER

Erfahrungen
einer
Rutengängerin

Ergebnis einer Tatsachenforschung
bei mehr als 3000 Wohnungs- und Arbeitsplatzuntersuchungen

Tiefere Ursachen
von **Schlafstörungen, Krankheiten und Schulversagen**
konnten durch Aufdeckung **geopathischer Störzonen gefunden
und behoben werden**

Mit einem Vorwort des Arztes
univ. med. DDr. Lothar R. v. Kolitscher
und einem Geleitwort des
Amtsführenden Präsidenten des Landesschulrates für Salzburg,
Hofrat Dr. Matthias Laireiter

VERITAS-VERLAG   LINZ — WIEN

Gedruckt in Österreich. 8. Auflage 1983: 48.–59. Tausend
Druck: OÖ. Landesverlag Ges.m.b.H. Linz
Umschlaggestaltung: Käthe Bachler und M. Reiter
ISBN 3-85329-382-4 (flexible Ausgabe)
ISBN 3-85329-381-6 (Leinenausgabe)

Inhaltsverzeichnis 5

II. Teil: **Schulversagen**
als mögliche Folge geopathischer Störzonen im
Elternhaus und in der Schule 93

Die Zeit vor dem Schulalter 96

Das Schulalter 98

Vorwort
des Arztes univ. med. DDr. Lothar R. v. Kolitscher

In der heutigen Welt drängt alles darauf hin, daß wir versuchen müssen, uns aus den kurzatmigen Rhythmen der Gegenwart zu lösen und den Gesamtprozeß Menschheit begreifen zu lernen.
Seit Beginn unseres Jahrhunderts befinden wir uns auf allen Gebieten in einer vollständigen geistigen Revolution.

Jahrzehntelang arbeitet die Medizin mit einem bemerkenswerten Eifer, jedoch ohne zielbewußten Plan, ohne Methode, indem sie bald der einen Richtung – bald wieder einer anderen – folgt.
Die wahre Wissenschaft ist aber nicht eine Anhäufung einzelner Tatsachen, sondern vor allem das Wissen um Beziehungen von Gesetzen und Einflüssen.
Es gibt keine Krankheit ohne Umwelteinflüsse. Der Mensch ist immer mit seiner Umwelt konfrontiert, in der er bestehen muß.
Beobachtung, Geduld, Ausdauer, kritische Beurteilung und Nachdenken sind die besten Hilfsmittel der wahren Medizin.

Besonders dankbar darf man der Verfasserin der vorliegenden Dokumentation sein, der es in umfangreichen, mühevollen Aufzeichnungen gelungen ist, uns ein Bild von der schädlichen Beeinflussung der „geopathischen Störfelder" auf „krank und gesund" zu geben.

9

Geleitwort
des Amtsführenden Präsidenten
des Landesschulrates für Salzburg,
Hofrat Dr. Matthias Laireiter

Im Rahmen ihrer langjährigen Tätigkeit als Lehrerin hat sich die Verfasserin, Frau Käthe Bachler, stets fachlich und pädagogisch, vor allem aber sozial sehr engagiert. Stets eifrig bemüht, den ihr anvertrauten Schulkindern, ja allen Menschen in ihrer Umgebung zu helfen, suchte sie stets nach Mitteln und Methoden, Schwierigkeiten aus dem Wege zu räumen, Not und Schmerzen zu lindern, vielseitig zu helfen. Dies mag wohl auch der Grund sein, daß sie als sensible, aber auch mathematisch-naturwissenschaftlich geschulte Frau in der Radiästhesie, der Pendel- und Rutenkunde, ein bisher wenig beachtetes Arbeits- und Forschungsgebiet entdeckte, durch das manchen Mitmenschen geholfen werden könnte.

Mit Feuereifer war sie nun seit Jahren damit beschäftigt, auf diesem Gebiete zu forschen und praktisch zu arbeiten. Die Hauptarbeit zielte, wie könnte es für einen begeisterten Lehrer anders sein, darauf hin, herauszufinden, inwieweit ein Schulversagen durch geopathische Störzonen verursacht werden kann. Sie fand dabei freilich auch Spötter und Lächler – wie jeder Pionier – aber auch interessierte Lehrer und so manchen interessierten Arzt und Psychologen, vor allem aber dankbare Eltern und Kinder, denen sie Hilfe gebracht hatte.

Durch einen **Forschungsauftrag des Pädagogischen Institutes Salzburg** wurde ihr die Möglichkeit geboten, ihre Arbeit zu intensivieren und zu versuchen, durch Tatsachenforschung über den Zusammenhang zwischen den geopathischen Störzonen und dem Lernmißerfolg bei Schulkindern ein wenig das Dunkel über ein Gebiet zu lichten, dem vielfach der Ruf der Scharlatanerie anhaftet.

10

Nun liegt das Ergebnis dieser Arbeit vor. Auch Skeptiker sollten das Buch lesen; sie werden vielleicht doch die Erkenntnis gewinnen, daß es geopathische Einflüsse tatsächlich gibt und daß durch deren Ausschaltung so manchem Menschen geholfen werden kann; speziell so manchem Schüler zu einem besseren Lernerfolg.

Die Arbeit ist deshalb so wertvoll, weil sie eine große Anzahl von praktischen Fällen schriftlich und zeichnerisch darstellt. Durch diese empirische Methode wird die Glaubhaftigkeit der Aussage wesentlich erhöht.

Motto des Buches:

,,Nur die Liebe kann entscheiden,
ob wir schweigen oder reden müssen,
zuschauen oder handeln . . .''

Gertrud Steinitz-Metzler[1]

Mit diesen tiefsinnigen Worten drückt die Dichterin in ihrem Buch ,,Die Regenbogenbrücke'' das aus, was uns letztlich in schwierigen Lebenslagen zur Freiheit einer reifen, mündigen und verantwortungsbewußten Entscheidung verhelfen kann.

Im Gebot der Gottes- und Nächstenliebe zeigt uns Christus am Beispiel vom barmherzigen Samaritan (Lukas 10/25–37), daß alle Menschen berufen sind, den Mitmenschen in jeder Not, besonders aber auch in Unglück und Krankheit, beizustehen. Gesunden und Kranken die richtige Kenntnis über die Wirkung der Erdstrahlen zu vermitteln, ist auch ein Beitrag zur Erfüllung dieses Gebotes.

11

Einführung

Dieses Buch ist eine **allgemeine und wichtige Information für jedermann über die Wirkung von zwei Arten Reizstreifen in unserem Lebensraum.**

Im Salzburger Land litt der kleine Manfred an schwerem Asthma. Sein Vater berichtete mir: „Der Arzt gab starke Medikamente, aber sie nützten nichts. Schließlich sagte er, daß das Kind auf irgend etwas **allergisch** sei. Weil ich gehört hatte, daß es Bodeneinflüsse gibt, verstellte ich nun das Bett meines Kindes einfach ‚auf gut Glück' in die andere Zimmerecke. Seither hatte es nie mehr Asthma!"

Einen Monat später wurde ich um die genaue Untersuchung dieses Hauses gebeten (Untersuchung Nr. 1177[2]), und ich stellte fest, daß der erste Bettplatz des Manfred über einer unterirdischen Wasserader und einer „Curry"-Kreuzung war und daß der zweite Bettplatz tatsächlich „strahlungsfrei", das heißt neutral, war. Ja, Manfred litt an **„Bodenallergie"** und konnte erst genesen, nachdem er den schädlichen Bodeneinflüssen ausgewichen war.

Was verstehe ich unter Bodenallergie? Eine besonders hohe Empfindlichkeit gegenüber den Bodeneinflüssen.

Das Leben ist vielgestaltig, es gibt vielerlei gute und schlechte Einflüsse. Viele Faktoren können die Harmonie des Lebens stören, wie Wettereinflüsse, die Lebensweise, die ungesunde Ernährung, das Milieu, Infektionen, verschiedene Umwelteinflüsse, unter ihnen auch die Bodeneinflüsse, und dergleichen mehr. Viele schädigende Faktoren sind also vorhanden, einen davon können wir leicht beseitigen, das ist die lokale Situation.

Über die Bodeneinflüsse möchte ich in diesem Buch berichten, denn es ist meines Erachtens bisher noch zu wenig über diese Tatsachen geschrieben worden, und doch ist dieses Wissen für die Menschen von großem Nutzen. Gerade durch die Ausschaltung der schädigenden Bodeneinflüsse bleiben viele Kräfte erhalten, körperliche und seelische Leiden können beseitigt werden, die Menschen können sich wohlfühlen und glücklich sein.

12

Ich war von Jugend an ein kritisch denkender Mensch, der allen Dingen auf den Grund zu gehen versuchte. Dies führte mich auch zu meiner Tatsachenforschung in der Radiästhesie. Als Mathematikerin hatte ich das Bestreben, die Situation jeweils auch zeichnerisch genau festzuhalten. Das trug mir das Interesse der Ärzte an meiner Arbeit ein. In vielen **öffentlichen Vorträgen** habe ich über die Bodeneinflüsse gesprochen und immer wieder wurde ich gebeten, diese Erfahrungen auch in einem Buche zu veröffentlichen. Aus dem **gesprochenen Wort** also ist dieser Erfahrungsbericht entstanden. Daraus erklärt sich auch die persönliche Ausdrucksweise.

Lesen Sie bitte das Buch kritisch, auch mit gewisser **Skepsis,** aber ohne Vorurteil und ohne Intoleranz, sondern mit jener Aufgeschlossenheit, die für eine noch zu wenig bekannte Wahrheit erforderlich ist. Nach der Lektüre des Buches werden Sie zweifellos feststellen, daß es sich bei den Tausenden von Fällen nicht nur um Zufälle handeln kann, sondern daß tiefere Zusammenhänge bestehen müssen. Bitte, lösen Sie nicht Worte aus ihrem Zusammenhang und fällen Sie ein Urteil erst, nachdem Sie das **gesamte** Buch gelesen haben. Wer nur einen Teil liest, verfällt leicht Mißverständnissen. Manche Wiederholungen werden sich notwendigerweise aus dem Aufbau des Buches ergeben. Sie mögen entschuldigt werden. Alle Aussagen kann ich dokumentarisch belegen. Der Beleg-Apparat ist im Anhang zu finden.

Dank sagen dafür, daß meine Arbeit als Rutengängerin erfolgreich wurde, möchte ich in erster Linie dem **Schöpfer,** der mir die Gabe des Fühlens verliehen hat, dann aber auch vielen Menschen; zuerst den mutigen Pionieren der Radiästhesie in aller Welt, sodann den **Salzburger** Radiästheten, die mich 1969 zu einer Exkursion ins Salzburger Moor einluden, wo ich die erste Rutendrehung hatte. Nach einem Jahr intensiver Arbeit als Autodidakt lernte ich den besonders erfolgreichen oberösterreichischen Rutenmeister Adolf **Flachenegger,** Wels, kennen. Dieser hervorragende Könner und Lehrer der Radiästhesie überprüfte mich, fand meine Rutenarbeit für ,,sehr richtig'' und nahm mich in seinen engeren Freundeskreis der Radiästheten auf.

Diesem meinem verehrten Förderer sowie meinem engeren **Freundeskreis der Radiästheten** gilt vor allem mein aufrichtiger Dank! Mein besonderer Dank gilt dem hervorragenden Arzt DDr. med. univ. R. v. **Kolitscher,** Kurort Igls, für viele wertvolle Hinweise und für den Rat zur wissenschaftlichen Tatsachenforschung. Er riet mir, die bereits festgestellten Fähigkeiten zum Wohle der Menschheit weiter auszubauen und mich so weit fortzubilden, daß ich durch die Fähigkeit, geopathische Zonen aufzuspüren und anzuzeigen, die ärztliche Therapie unterstützen könne.

Mein Dank gilt den vielen anderen Ärzten, die mir Vertrauen schenkten und meine Hilfe für das Aufspüren der schädigenden Umwelteinflüsse gerade bei ihren schwierigsten Fällen in Anspruch nahmen.

Mein Dank gilt der Schulbehörde für ihre Aufgeschlossenheit, im besonderen dem Amtsführenden Präsidenten des Landesschulrates Salzburg, Dr. Matthias **Laireiter,** und dem **Pädagogischen Institut**[3] in Salzburg für den Auftrag zur „**Tatsachenforschung** über den Zusammenhang zwischen den geopathischen Störzonen und dem Lernmißerfolg bei Schulkindern".

Mein Dank gilt all den Menschen, die mir ihre Besserung mitteilten, besonders denen, die sie mir auch schriftlich bestätigten.

Mein Dank gilt den Schulkindern, die mir sofort nach der Bettumstellung mit leuchtenden Augen von besserem Schlaf und besserem Befinden berichteten.

Es ist **mein aufrichtiger Wunsch,** daß durch das Buch, durch die aus der Tatsachenforschung gewonnenen Erkenntnisse, vielen Menschen – besonders auch Kindern, die sich selbst nicht helfen können, sondern auf das Verständnis und die Hilfe durch die Erwachsenen angewiesen sind – und manchen Leidenden, die schon der Verzweiflung nahe sind – von neuem „**Hoffnung und Hilfe und Freude**" in ihrem Leben geschenkt werde!

Hallein/Salzburg, 6. November 1976   Käthe Bachler

Vorwort zur 8. Auflage

Große Freude und Dankbarkeit erfüllen mich über die spontanen anerkennenden Briefe, die ich auf das Buch aus aller Welt erhalte. Das Echo ist überwältigend. Viele Ärzte, Priester, Wissenschafter, Pädagogen, Radiästheten, Architekten schreiben mir zustimmende und aufmunternde Worte.

Einen Brief in Vertretung vieler möchte ich hier anführen, den Brief des deutschen Arztes und Forschers Dr. Dieter **Aschoff,** Wuppertal: „Mit großem Interesse habe ich Ihr Buch ‚Erfahrungen einer Rutengängerin' gelesen. Seitdem empfehle ich es meinen Patienten, weil Sie darin viele Fragen, die einem immer wieder zum Thema Erdstrahlung gestellt werden, beantworten.

Ich freue mich, daß Sie das Buch so verständlich für jeden geschrieben haben, es ist für mich eine große Hilfe bei der Aufklärung meiner Patienten . . ."[19].

Prof. Ernst **Laub,** ein Schweizer Pädagoge und führender Radiästhet, bekannt durch seine Vorträge und Kurse, schrieb mir: „Sie haben es verstanden, mit Fleiß und Findersinn ein Naturgesetz aufzudecken und dadurch der leidenden Kreatur zu helfen. Überall, ob in der Schweiz, in Deutschland oder in Österreich, erwähne ich in meinen Vorträgen und Kursen Ihre Bemühungen um die schlechten Leistungen und die Schlafstörungen der Schulkinder, ein Problem, auf das dank Ihres Buches Eltern und Erzieher nun immer mehr aufmerksam gemacht werden."

Besonders danken möchte ich auch meinen vielen Freunden und allen Radiästheten, die mein Buch „mit Begeisterung" – wie sie schrieben – aufnahmen und es einem weiten Bekanntenkreis weitergaben, aber auch allen anderen lieben Menschen nah und fern, die mein Bemühen mit Wohlwollen begleiten.

Von Bildungswerkleitern, Lehrervereinigungen und Gesundheitsvereinen erhielt ich, besonders seit dem Erscheinen des Buches, immer wieder Einladungen zu großen Vorträgen, nicht nur in Österreich, sondern in die gesamte Bundesrepublik Deutschland, in die Schweiz und nach Südtirol; ebenso auch von Ärzten zu Vorträgen bei Ärztekongressen. Allen Einladern, Organisatoren und Gastgebern, die zum guten Gelingen meiner Vortragsreisen wesentlich beitrugen, sei mein aufrichtiger Dank gesagt!

Bisher untersuchte ich die Schlafplätze von mehr als 11.000 Personen, Gesunden und Kranken. Ich fand meine Beobachtung, daß der **gute Schlafplatz** eine **überragende Bedeutung** hat, nunmehr in 14 Staaten, bei allen Lebensaltern und allen Bevölkerungsschichten bestätigt.

In letzter Zeit habe ich mehrere Untersuchungen aus den ersten Jahren nachgeprüft und neuerdings bestätigt gefunden. Ich habe erkannt, daß demnach der gute Schlafplatz zu den **Grundbedürfnissen** jedes Menschen gehört, genauso wie die natürliche Nahrung, das klare Wasser und die reine Luft.

Eine besondere Freude war mir 1981 die Einladung zur großen Vortragsreise durch **Südtirol** und 1982 die Einladung des deutschen Forschungskreises für Geobiologie und des deutschen Radiästheten-Verbandes zu einem Referat bei der Frühjahrs-Tagung in **Eberbach/Neckar.** Vom 8. bis 10. April 1983 ging ein langgehegter Wunsch von mir in Erfüllung: Internationale Experten, und zwar die Teilnehmer am „2. Symposium über Netzgitter", welches in St. Koloman bei Hallein stattfand, besichtigten mein Tatsachenmaterial und konnten dabei von der überragenden Bedeutung des „Curry-Netzes" überzeugt werden.

Hallein/Salzburg, 3. Juni 1983

Käthe Bachler

16

Wichtige Hinweise des Verlages

Die Autorin, Frau Käthe Bachler, hat während ihrer Grundlagenforschung, deren Ergebnisse in diesem Buch niedergelegt sind, keine Untersuchungen an Menschen durchgeführt und darum auch nie eine Diagnose gestellt.

Frau Bachler hat in allen aufgeführten Fällen immer nur die Räume untersucht; darüber hinaus berichtet sie, was ihr von den angeführten Personen mitgeteilt wurde.

Der Verlag ersucht die Leser, von Anfragen wegen Untersuchung von Schlafstellen abzusehen. Interessierte Lehrer könnten sich vielleicht an ihren Landesschulrat mit dem Ersuchen wenden, die Autorin zu einem Vortrag und vielleicht zur Schulung interessierter, hochsensibler Lehrer einzuladen.

Interessierte Privatpersonen könnten sich mit einem ähnlichen Ersuchen an die Bildungswerke, Volkshochschulen oder Kneippvereine in größeren Orten wenden. Im Anschluß an Vorträge können durch Rutenversuche hochsensible Personen gefunden werden, die nach einer entsprechenden Schulung als Rutengänger ausgebildet werden können.

Auf diese Weise konnten bereits mehrere Personen, auch Ärzte und Lehrer, angelernt werden.

Innerhalb weniger Jahre sind acht Auflagen erforderlich geworden! Das Buch ist ein Bestseller!

Erklärung für **Abkürzungen und Zeichen:**

Schlafplatz,
wie er
vorgefunden
wurde.

Schlafplatz,
wie er
empfohlen
wurde,
oder
in einzelnen Fällen,
wie er bereits
,,gut'' vorgefunden wurde.

♂ **bedeutet ,,Mann''**
♀ **bedeutet ,,Frau''**

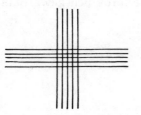

C . . . . . . Curry-Streifen
(Störzone, benannt nach Dr. med. Manfred Curry)

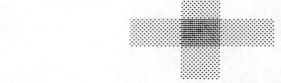

W . . . . . . Wasser-Ader

C × C . . . . . . Curry-Kreuzung

W × W . . . . . . Wasser-Kreuzung

I. Teil
Allgemeines

1. Strahlen, „Bodenstrahlung", Strahlenfühligkeit, Radiästhesie

Es ist Tatsache, daß es Strahlen und Strahlungen gibt. Denken wir an die Sonnenstrahlen, die Wärmestrahlen, an die Röntgenstrahlen, die Radiumstrahlen, an die Infrarot- und ultravioletten Strahlen, an die Radio- und Fernsehstrahlen, an die Radarstrahlen und die kosmischen Strahlen.

Es gibt auch eine „Bodenstrahlung" über unterirdisch fließenden Wasseradern. Wie sie zustande kommt, ist noch nicht endgültig geklärt. Die einen Forscher[4] meinen, es handle sich um eine Reflexion kosmischer Strahlungen, die anderen[4] meinen, es handle sich um diffuse (ungeordnete) Strahlungen aus dem Erdinneren, die durch die unterirdischen Wasseradern gebündelt werden und von diesen weg senkrecht zur Erdoberfläche hin dringen.

Es ist Tatsache, daß viele der genannten Strahlen für den Menschen eine schädliche Wirkung ausüben; diese Tatsache kann wohl kein vernünftiger Mensch leugnen. Solch schädliche Wirkung übt auch die genannte „Bodenstrahlung" aus. Diese Behauptung wage ich auf Grund reicher Erfahrung auf diesem Forschungsgebiet auszusprechen. Im praktischen Teil des Buches gebe ich hiefür auch die Beweise.

„Beobachtung und Erfahrung, zumal wenn sie sich mit dem Ergebnis anderer decken, sind im Bereich des Bios genauso Tatsache wie in der Physik das Experiment", sagt Dr. med. E. Hartmann[5].

Tatsache ist ferner, daß es beim Menschen an sich ein Gespür für Strahlen gibt, auch wenn wir sie nicht sehen können. Diese **Strahlenfühligkeit** nennen wir „Sensibilität".

Leider wurde ein Großteil der Menschen im 20. Jahrhundert dieser ursprünglich vorhandenen Fühligkeit beraubt, einerseits wegen ihrer naturfremden Lebensweise, anderseits weil sie meinten, das „Gespür" nicht beachten zu dürfen, ja sogar unterdrücken zu müssen. In neuester Zeit weiß man, daß gerade das „Gespür" für den Menschen eine große Hilfe, ein großer Schutz bedeutet, wenn er es beobachtet und befolgt. Tatsächlich sind die Menschen im allgemeinen heute wieder viel sensibler geworden.

Es gibt Menschen, die – so wie die Kleinkinder – dieses „Gespür" in sehr hohem Maße besitzen, wir nennen sie **„Hochsensible"** oder **Sensitive.** Von ihnen können die verschiedenen Strahlungen mit Rute oder Pendel **genau** festgestellt werden. Das ganze Gebiet, welches von dieser Strahlenfühligkeit handelt, nennen wir **Radiästhesie.** Im Durchschnitt sind Männer weniger sensibel als Frauen. Aber es gibt in beiden Geschlechtern Hochsensible, welche dann meist auch ruten- und pendelfähig sind.

Die Hochsensiblen sind nicht nur körperlich sehr fühlig, sondern auch geistig-seelisch sehr empfindsam. Sie sind meist feinfühlend, erlebnistief, sehr taktvoll, sozial, einsatzfreudig für andere, aber auch schnell verletzt und gekränkt. Priester und Ärzte haben oft höchste Fühligkeit. Gerade deshalb haben sie ihren Beruf gewählt, weil sie offen sind für Gott und die Menschen.

Viele Menschen zeigten mir ihren Lieblingsplatz im Wohnzimmer oder in der Küche und konnten mir angeben, in welchem Bett es ihnen besonders „tauge". Es handelte sich jedesmal um einen „guten" Platz. Diese Menschen hatten also das richtige Gespür.

Es gibt auch bereits **fotografische Beweise** für das **Phänomen** der **Radiästhesie.** Zuerst lieferte solche der Physiker Dr. Paul Dobler aus Stuttgart, später solche mit einem **Infrarotfilm** der Physiklehrer Helmut Böhm[6] aus Attnang bei seinem Referat **„Die Infrarotfotografie im Dienste der Radiästhesie"** beim Österr. Radiästhesie-Kongreß 1973 in Puchberg bei Wels.

2. Wie reagieren Pflanzen und Tiere auf unterirdisch fließendes Wasser?

Zuerst sei erwähnt, daß es zwei Gruppen gibt, die sogenannten Strahlenflüchter und die Strahlensucher. Unter **Strahlenflüchtern** verstehen wir solche Lebewesen, die die Strahlung der unterirdischen Gewässer nicht vertragen und daher ausweichen oder flüchten, wenn dies möglich ist, und sonst geschwächt oder krank werden.

Beim Wildwuchs der Pflanzen ist es so, daß der Same meist ohnehin nur auf dem für ihn geeigneten Platz aufgeht; bei einer Pflanzung durch Menschenhand ist es so, daß die Pflanzen auf dem nicht passenden Platz ausweichen durch schiefes Wachsen (oft der Windrichtung entgegen!) oder, wenn ihnen das nicht möglich ist, krank werden (z. B. krebsiger Baum über einer Wasserkreuzung), oder daß sie eingehen (z. B. der Flieder über einer Wasserkreuzung, einige Stauden in der Ribiselhecke).

Die wichtigsten Strahlenflüchter im Garten sind der Apfel- und Birnbaum, der Nußbaum, die Ribiselstaude, der Flieder, die Sonnenblume; im Wald die Buchen und die Linden (Buchen sollst du suchen, Linden sollst du finden), in der Wohnung die Begonien, die Azaleen und Kakteen.

Strahlensucher sind solche Pflanzen und Tiere, die sich über unterirdisch fließendem Wasser wohl fühlen und dort gut gedeihen. Strahlensucher sind Kirschen, Pflaumen, Marillen, Pfirsiche, Holunder, die Mistel. (Aus dem Referat des Prof. Ing. Kracmar[6], S. 7: Ein Mistelpräparat wird in der Heilkunde den Strahlengeschädigten verabreicht.) Im Wald die Eichen (Eichen sollst du weichen), die Fichten (Fichten sollst du flüchten), Tannen und Lärchen; in der Wohnung Asparagus, Aralie und Zimmerlinde . . .

Nr. 1587 a: Blick in einen Obstgarten[7]

a)   b)   c)

a) **Apfelbaum,** 50 Jahre alt, **über Wasserader** gepflanzt, daher **schief gewachsen.** Die Krone über dem „strahlungsfreien" Platz trägt einige Früchte.

b) **Birnbaum** auf „strahlungsfreiem" Platz ist gerade und groß gewachsen, trägt reiche Frucht.

c) **Apfelbaum, über Kreuzung von zwei Wasseradern,** ist „krebsig", **hat großen Wulst** am Stamm. Dieser **„Kümmerling"** trägt keine Frucht.

Wenn ein Baum schief wächst oder eingeht, soll man auf diesem Platz einen „gegenteiligen" Baum pflanzen.

Bei „Unterstrahlung" faulen in Kellerräumen die Kartoffeln und andere Lebensmittel, schimmelt die Marmelade und „bricht" der Wein.

Dr. Anton S c h n e i d e r , Professor an der Fachhochschule in Rosenheim, Bayern, lud als Leiter der ,,Arbeitsgruppe Gesundes Bauen – Gesundes Wohnen", einer Sektion des Forschungskreises für Geobiologie, mich zur Mitarbeit als Radiästhetin ein. Im besonderen bat er mich um die **Untersuchung eines Waldgrundstückes zum Zwecke des Studiums von Baumkrankheiten im Zusammenhang mit ,,Bodenstrahlungen".** Diese führte ich am 7. März 1977 durch. Es zeigte sich, daß die ärgsten Erkrankungen der Bäume, wie totale Losschälung der Rinde durch starken Borkenkäferbefall, Krebswuchs u. a. m., genau auf den Plätzen mit besonders starker Bodenstrahlung eingetreten waren.

Tiere im Freien suchen sich den für sie passenden Platz; **Tiere im Stall** sind benachteiligt. Die Strahlenflüchter versuchen zwar, Wasseradern durch schiefes Stehen auszuweichen, wenn dies nicht gelingt, werden sie krank.

Zu den **Strahlenflüchtern** gehören der Hund, das Pferd, die Kuh, das Schwein (Das hält kein Schwein aus!), die Hühner und die Vögel. Der sonst folgsame Hund wird ungehorsam, wenn ihn sein Herr auf einen bestrahlten Platz befehlen will.

Nr. 122

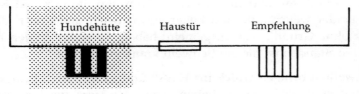

Als ich eine Hundehütte über einer Wasserader beobachtete, meinte ich: ,,Der Hund wird sich nicht wohlfühlen in dieser Hütte!" Sofort entgegnete die Frau: ,,Er geht ohnehin nie hinein. Er liegt lieber auf dem Steinpflaster bei der Haustüre!" Sie stellten die Hütte gleich auf den strahlungsfreien Platz, und seit dieser Zeit schläft der Hund immer und gern in seiner Hütte.

Auch die Unfruchtbarkeit und das Verwerfen der Haustiere hängen häufig mit dem bestrahlten Standort zusammen.

Die Bäuerin hatte seit 20 Jahren beobachtet, daß in ihrem Stall auf einem Platz jede Kuh bald krank wurde und viele auch verendeten. Sie bat mich deshalb um die Untersuchung. Der Bauer meinte: „Ich glaub' nicht, daß ein Wasser, tief drunten im Boden, einer Kuh schaden kann. Ich sag' Ihnen nicht, wo die kranke Kuh liegt (alle 15 Tiere lagen), ich bin neugierig, ob Sie sie mit der Rute finden!"

181   Stall im Land Salzburg

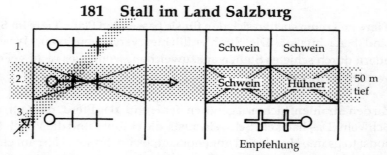

Empfehlung

Als meine Rute sich beim 2. Stand stark drehte, meinte er: „Richtig, da liegt die kranke Kuh! Das hätt' ich nicht für möglich gehalten!" Weiter wurde mir berichtet: „Dort drüben, wo Sie sagen, daß die Wasserader weiterläuft, sind heuer ein Schwein und drei Hühner ‚ganz ohne Grund', wie wir gemeint haben, verendet! In den zwei anderen Ständen ist nie ein Schwein krank geworden."

„Schwalben bringen Glück ins Haus" und „Der Storch bringt die Kinder" sind alte Volksweisheiten, weil diese Tiere nur dort nisten, wo es weitum strahlungsfrei ist! Dort fühlen sich auch die Menschen wohl und gesund, und die Frauen können gesunde Kinder zur Welt bringen.

Vogelnistkästchen sollen auf strahlungsfreiem Platz angebracht werden, z. B. auf gesunden Apfel- und Birnbäumen.

24

Strahlensucher unter den Tieren sind die Katzen, die Bienen, die Ameisen, die Insekten, die Bazillen und die Eingeweidewürmer. Die Katze legt sich immer auf eine Kreuzung, zumindest auf einen stark bestrahlten Platz. (Ihr Fell bringt den Rheumakranken Milderung!) Die Ameisen und auch die wilden Bienen haben ihren Bau immer über einer Kreuzung von zwei Wasseradern.

Frau Roswitha M., Psychologiestudentin in Salzburg, erzählte mir von einem altbayrischen Brauch: **Vor einem Hausbau wurde in den Grund ein Ameisenhaufen vergraben** – vermutlich dorthin, wo das Schlafzimmer geplant war. Nur wenn die Ameisen fortgezogen waren, was auf einen strahlungsfreien Grund hinwies, wurde das Haus dort gebaut. Im andern Fall probierte man es nebenbei . . .
Die Hausbienen haben auf bestrahltem Platz einen viel größeren Honigertrag, und der Bienenschwarm hängt sich über einer Kreuzung auf.

Bazillen und Eingeweidewürmer befallen die geschwächten Menschen vorwiegend dann, wenn sie auf bestrahltem Platz liegen (z. B. auch die Tuberkelbazillen) und vermehren sich dort sprunghaft.
Diesem Kapitel liegt eine vor 30 Jahren erschienene Veröffentlichung[8] Adolf Flacheneggers zugrunde, aber auch ich konnte viele Beobachtungen auf diesem Gebiet machen.

Blitzeinschläge[9] erfolgen nur dort, wo sich zwei Wasseradern mit großem Tiefenunterschied kreuzen. Das hat ein Münchner Rechtsanwalt, Dr. Deibel, bei über 100 Bauerngehöften untersucht und festgestellt. Ein Bekannter erzählte mir, daß ihnen an der Hochschule in Wien ein Univ.-Prof. der Physik schon vor 40 Jahren diese Tatsache des Blitzeinschlages mitgeteilt habe. In 14 Fällen konnte ich auch die gleiche Beobachtung machen.
Die Selbstentzündung des Heustockes[9] oder eine Staubexplosion auf einem Kohlenlagerplatz erfolgt ebenfalls vorwiegend über solchen Kreuzungspunkten.

3. Wie reagieren Menschen auf unterirdisches Wasser?

Säuglinge und Kleinkinder haben noch das naturrichtige Empfinden, die natürliche Strahlenfühligkeit, sie weichen instinktmäßig, selbst im Schlaf, den bestrahlten Plätzen aus.

Eine junge Mutter (Gattin eines Univ.-Assistenten der Physik) beobachtete, wie ihr 10 Monate altes Kind Severin zwei Minuten nach dem Einschlafen sich aufsetzte, „witterte" und sich dann dorthin zurückfallen ließ, wo es strahlungsfrei war. Dort schlief es gut und ruhig, schief im Bettchen liegend (1316 b).

Solche Beobachtungen, **wie Säuglinge und Kleinkinder im Schlaf wegrollen** oder sich wegwälzen, habe ich immer und immer wieder gemacht. Auch sensible Schulkinder, Jugendliche und Erwachsene weichen noch instinktmäßig aus, wenn die Möglichkeit dazu besteht, sowohl im Bett als auch sonst überall.

Nur ein paar Fälle möchte ich hier anführen:

814: Baby in S. rollt weg

554: Zweijähriger in H.
preßt sich ans Gitter

403: Siebenjähriger in A.
schläft wie ein „Rad"

923: Frau Dr. P. in I. liegt
am Morgen ganz am Rande

Manche Kinder weichen so weit aus, daß sie samt der Decke aus dem Bett fallen. Manche schlafen dann auf dem Boden weiter.

Ich habe in mehr als tausend Fällen beobachtet, daß Säuglinge und Kleinkinder nur dann weinen und sich umherwälzen, wenn sie auf bestrahltem Platz liegen. Glücklich das Kind, welches herausgenommen wird, weil die Mutter Erbarmen hat. Arm das Kind, welches mitunter sogar ins Bett gebunden wird, „damit es nicht herausfällt", weil es so unruhig ist und immer aufsteht. Schon im 1. Lebensjahr wird die Grundgestalt des Menschen geprägt. Wenn ihm trotz seines verzweifelten Weinens und Schreiens in seiner Not keine Hilfe geboten wird, kann es krank werden an Leib und Seele. Das werden dann oft die Menschen, die im späteren Leben kontaktarm und verbittert sind.

Eine Bitte an Sie alle: Wenn immer Sie von einem Kinde hören, welches viel schreit und weint, dann geben Sie bitte den Rat, die Wiege, das Bettchen „auf gut Glück" umzustellen oder durch einen Hund den Platz suchen zu lassen (Wo er sich lagert, ist der beste Platz!) oder den „Platz-Test" anzuwenden. (Siehe Seite 225.)

Viele Kleinkinder, aber auch sensible Schulkinder, **flüchten** aus ihrem bestrahlten Bett zu den Eltern oder zu Geschwistern, meist ohne dabei wach zu werden, aber nur dann, wenn jene einen strahlungsfreien oder zumindest strahlungsgünstigeren Platz haben. Auch dafür kann ich viele Beweise anführen.

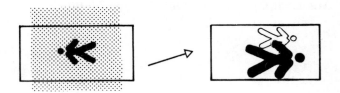

1089: Bruno flüchtet im Schlaf zum Bruder!

Manche sensible Erwachsene gehen in der Nacht stundenlang im Zimmer auf und ab oder legen sich auf den Diwan ins Wohnzimmer, weil sie es in ihrem Bett einfach nicht aushalten, ohne zu ahnen, warum. Zur Vollmondzeit ist das Wasser besonders stark wirksam, daher werden gerade in dieser Zeit Hochsensible („Mondsüchtige": Nr. 632) förmlich aus dem Bett vertrieben.

Wenn die Menschen den Störzonen nicht ausweichen können und so ständig diesem schädlichen Einfluß ausgesetzt sind, wird ihre Widerstandskraft geschwächt. Meist treten zuerst Schlafstörungen auf, Müdigkeit und „Abgeschlagenheit" am Morgen, mit der Zeit auch regelrechte Erkrankungen.

Um jedem Mißverständnis vorzubeugen, möchte ich klarstellen, daß unterirdische Wasseradern und andere Störungen nicht Krankheitserreger im eigentlichen Sinne sind, so wie die Viren oder Bazillen, sondern daß sie die **Abwehrkraft des Menschen schwächen.** Der Mensch, der sich längere Zeit über Störzonen aufhält, braucht gegen diese Einflüsse so viel Abwehrkraft, daß ihm dann zuwenig Abwehrkraft übrigbleibt, um mit den Krankheiten, mit denen er ja dauernd konfrontiert wird, fertig zu werden.
Die Abwehrkraft, die wir täglich aus dem Kosmos und durch gesunde Lebensweise empfangen, kann gesteigert und erhalten werden durch Regulation der Funktionen von Lebensvorgängen, beziehungsweise durch Ausschaltung der störenden äußeren Einflüsse.

Meine Beobachtungen versuche ich zu veranschaulichen:

1. Menschen, die Bett und Arbeitsplatz Jahre hindurch **ganz „strahlungsfrei"** haben, besitzen eine **große Abwehrkraft** (= A). Die Krankheit (= K) bleibt unter der Schwelle, sie kann „nicht aufkommen"; auch nicht trotz anderer schädlicher Einflüsse. Oft habe ich beobachtet, daß solche Kinder als einzige unter Geschwistern auch die Grippe nicht bekamen. Das Glück, **ganz** strahlungsfrei zu leben, haben nur wenige Menschen, vielleicht jeder Siebte. Siehe Figur 1.

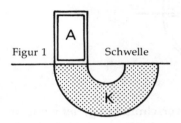

Figur 1   Schwelle

Solche Menschen erleben das **Gefühl des Wohlbefindens und der Gesundheit** oft bis ins hohe Alter.

2. Menschen, die bei Bett oder Arbeitsplatz einen geringen Störzoneneinfluß haben, fühlen sich **meist auch noch gesund.** Aber es läßt die Abwehrkraft nach. Es kann daher **zeitweilig eine Krankheit** aufkommen; besonders dann, wenn auch noch andere schädliche Einflüsse vorhanden sind. Die Abwehrkraft (= A) rückt unter die Schwelle, während die Krankheit (= K) die Schwelle übertritt. Siehe Figur 2:

Figur 2

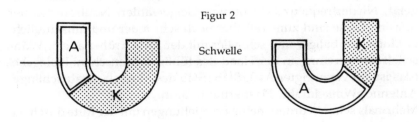

Schwelle

29

3. Menschen, die Bett oder (bzw. und) Arbeitsplatz **über starkem Störzoneneinfluß** (z. B. Kreuzung mehrerer Störzonen) haben, verlieren oft die ganze Abwehrkraft. Daher erfolgt ein „**Überhandnehmen" der Krankheit;** dies umso stärker, je mehr andere negative Einflüsse zusätzlich vorhanden sind. Siehe Figur 3:

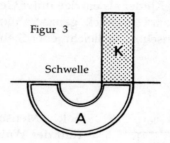

Figur 3

Schwelle

K

A

Gerade in der heutigen Zeit der Umweltverschmutzung, der wir nicht ausweichen können, dürfen wir die Abwehrkräfte durch Nichtbeachtung der Bodeneinflüsse nicht leichtsinnig aufs Spiel setzen!

4. Feststellung unterirdischer Wasserläufe

a) Mit **Apparaten:** UKW-Feldstärke-Meßgerät, Szintillationsmeßgerät, Niederfrequenz-Feldsonden, Geigerzähler, Neutronenzähler u. a. m. Diese sind zum Teil aber noch sehr teuer und umständlich.
b) Einfacher, billiger und schneller mit der **Rute,** früher auch „Wünschelrute" genannt, in der Hand des fühligen Menschen: Holzgabel (das ist ein verzweigter Ast), Stab (Stab des Moses!), Drahtschlinge, Antenne, Winkeldraht, Plastikrute u. a. m.
Mehrmals schon wurden meine Feststellungen mit der Rute durch die

objektive Meßmethode mit einem Apparat als richtig bestätigt. Als Beweis dafür sei die Stelle eines Briefes der Familie F. aus Bonn vom 10. 1. 1981 angeführt: „. . . Ein Mitarbeiter des Institutes für Baubiologie in Rosenheim untersuchte unser Schlaf- und Wohnzimmer und verwendete ein elektrisches Gerät. Er bestätigte Ihre Feststellungen voll und ganz!. . .[10]"

Im alten **China** durfte kein Haus erbaut werden, bevor nicht der Boden mit der Wünschelrute untersucht worden war. Der chinesische Kaiser Yü[12], 2000 J. v. Chr., hat das 1. Buch über die Rute geschrieben. Auf einem Relief ist er mit der Wünschelrute dargestellt.

Seit eh und je verwendet der Brunnensucher die Rute. Auch Heilbäder wurden mit der Rute gefunden, so Bad Schallerbach von der Rutengängerin Gräfin Tüköry[12].

Der Wiener Univ.-Prof. Dr. Benedikt[13] versucht physikalisch den Rutenschlag zu erklären und sagt, daß die zweipoligen (+ und –) Körperhälften des Rutengängers durch die Rute zu einem Emanationsstrom geschlossen werden, wodurch dann der Ruteneffekt (die Rutendrehung) im Augenblick des Überschreitens des „Reizstreifens" ausgelöst wird.

In **Rußland** ist heute die Rutengängerei ein legitimes Gebiet des wissenschaftlichen Studiums.

Eine Kommission kam zu dem Resultat: „Die Rutengängerei funktioniert. **Die Rute ist das einfachste aller denkbaren elektrophysikalischen Instrumente**[15]."

In den geologischen Instituten von Moskau und Leningrad beschäftigen sich Geologen, Geophysiker und Physiologen mit der Radiästhesie. Sie überprüfen nicht nur die Rutengängerei, sondern sie bedienen sich selbst der Rute und des Pendels, unter anderem Dr. Nikolai Sotschewanow[15].

Aber auch in anderen Teilen der Welt bedienen sich Wissenschafter bei ihren Arbeiten der Rute. Ich möchte den österreichischen Hydrogeologen Prof. Dr. Emil W o r s c h, Knittelfeld, erwähnen. Er lud mich zu einer radiästhetischen Gemeinschaftsarbeit ein. Wir hatten Übereinstimmung.

c) Der fühlende Mensch kann die Wasseradern und deren Verlauf auch **mit dem Pendel** genau feststellen. Dabei kann der Pendel, meist ein spitzer Gegenstand an einem Kettchen oder Faden, verschiedene Bewegungen, Kreise, Ellipsen oder Striche ausführen. In der Schweiz arbeitete der katholische Pfarrer Abbé Mermét[16] bahnbrechend und mit großem Erfolg als Pendler. In seinem Buch **„Der Pendel als wissenschaftliches Instrument"** wehrt er sich gegen die rückständige Ansicht, es handle sich beim Pendeln um einen Aberglauben. Abbé Mermét suchte Brunnen für viele Ortschaften und untersuchte viele Wohnungen. Bei der Wohnungsuntersuchung mit Rute oder Pendel handelt es sich also keinesfalls um Zauberei oder Aberglauben.

d) Einige höchst Sensible können das unterirdisch fließende Wasser auch **mit der bloßen Hand** feststellen. Sie halten die Handinnenfläche dem Boden zugewandt. Dabei verspüren sie über Wasser ein Frösteln, ein Kribbeln, ein Ziehen oder ein Schmerzgefühl.

Feuchtigkeitsflecken in den Hausmauern, Sprünge in Mauern, Wänden und Straßen-Betondecken sowie ständiges Abbröckeln eines Verputzes können ebenso ein Hinweis auf unterirdische Wasserläufe sein.

5. Andere Bodeneinflüsse

a) Der ganze Erdball ist – so sagen uns die Physiker – umgeben von einem eigenen strahlenden Feld, dem sogenannten **„Erdfeld"** oder **„Erdmagnetfeld"**. Diese **natürliche, harmonische, gute Strahlung** brauchen wir zum Leben.

An gewissen Plätzen, Flächen, Streifen, Zonen ist dieses Strahlungsfeld aber gestört. Dort ist eine **disharmonische, schlechte Strahlung.** Diese störenden Strahlen werden oft auch mit dem Wort **„Erdstrahlen"** bezeichnet. Die Flächen dieser Störungen werden **„Störzonen"** oder **„Reizstreifen"** genannt. Sie können verursacht werden durch unterirdische Wasserläufe, durch geologische Brüche und Verwerfungen, durch Hohlräume oder Einlagerungen u. a. m. sowie durch

„Globalgitternetze", welche in den letzten Jahrzehnten „wiederentdeckt" wurden, wohl deshalb, weil sie in ihrer Wirkungsstärke zunahmen, seitdem das Erdfeld – im besonderen auch das Haus – durch die viele künstliche, technische Strahlung gestört wird. Alle diese Störungen können mit Rute und Pendel festgestellt werden. Dies geschah schon im Mittelalter beim Aufsuchen von Bodenschätzen, wie Gold, Silber, Eisen, Kupfer, in neuerer Zeit beim Suchen von Kohle und Erdöl. Das österreichische Erdölvorkommen in Zistersdorf wurde von Major Ing. Friedrich M u s i l[17] mit der Rute gefunden. Ich kann die verschiedenen Globalgitternetze unterscheiden und mit der Rute aufspüren. Bei einer Radiästheten-Versammlung am 26. 11. 1970 meldete ich mich freiwillig zu einem solchen Versuch mit verbundenen Augen. Er gelang auf den ersten Anhieb.

b) Durch meine umfangreiche praktische Arbeit mit der Rute gewann ich das **Erfahrungswissen,** daß für den normal empfindlichen Menschen im täglichen Leben ein Gitternetz g r o ß e Bedeutung hat: Es ist unter dem Namen „**Curry-Netz"** bekannt geworden, und zwar in Würdigung der Verdienste des Forschers und Arztes Dr. med. Manfred C u r r y, weil er es bekanntgemacht hat. Er war der Leiter des Medizinisch-Bioklimatischen Institutes Riederau am Ammersee und stellte viele Forschungen über den Einfluß von Wetter und Boden auf den Menschen an. In seinem Buch „**Der Schlüssel zum Leben"**[18] unterscheidet er den **W-Typ,** den wärmeempfindlichen Typ (vergleiche „Sympathicotoniker" nach Dr. med. E. Hartmann)[5], und den **K-Typ,** den kälteempfindlichen Typ (vergleiche „Vagotoniker" nach Dr. med. E. Hartmann).

In der Zeitschrift für praktische Heilkunde „Hippokrates"[20] veröffentlicht Dr. med. M. Curry eine weitere wissenschaftliche Arbeit unter dem Titel: „**Feststellung des wetterbedingten Reaktionstyps** durch Messung der vom Körper ausgehenden Energien und seine Beziehungen zum Krebsproblem". (Neuauflage im Herold-Verlag, München 71, mit dem Titel: „**Curry-Netz."**)

Dr. Curry stellt fest, daß jeder Mensch Eigenenergie in Form von Wellen aussendet, die von Typ zu Typ verschieden sind. Die Länge dieser

Welle nennt er „Reaktionsabstand". Beim Seminar für Rutengänger in Frauenberg, 1974, hat der Hauptschullehrer Helmut Böhm, Attnang, die Aussagen des Dr. Manfred Curry in folgender Weise anschaulich darzustellen versucht.

Reaktionsabstand

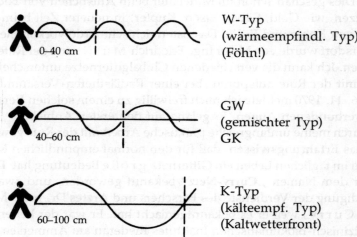

W-Typ
(wärmeempfindl. Typ)
(Föhn!)

0–40 cm

GW
(gemischter Typ)
GK

40–60 cm

K-Typ
(kälteempf. Typ)
(Kaltwetterfront)

60–100 cm

Der Reaktionsabstand ist variabel, d. h. veränderlich. Er kann durch verschiedene Faktoren verkürzt oder verlängert werden!

Verkürzung bzw. **Verlängerung**
des Reaktionsabstandes kann erfolgen durch:

gefäßerweiternde	gefäßverengende
Medikamente,	Medikamente,
Warmwetter,	Kaltwetter,
Strahlen	Strahlen
(z. B. infrarote Strahlen)	(z. B. radioaktive Strahlen)
abladende Kreuzung	aufladende Kreuzung

gewisse Formen der Ernährung usw.

34

Alle Typen sollen zum **Ideal,** d. h. zur **Mitte,** zu 50 cm hinzielen! Störzonen, besonders Kreuzungen, sagt Dr. Curry, beeinflussen allein schon, ohne die anderen Faktoren, den Reaktionsabstand! Eine Krebserkrankung liegt, so sagt er weiter, mit größter Wahrscheinlichkeit vor, wenn der Reaktionsabstand um einiges größer wird als 100 cm!

In der gleichen Zeitschrift „Hippokrates"[21] behandelt er im wissenschaftlichen Aufsatz **„Das Reaktionsliniensystem als krankheitsauslösender Faktor"** ausführlich das „Störzonennetz". Allen wissenschaftlich interessierten Lesern empfehle ich das Studium dieser Aufsätze, die der Herold-Verlag, München 71, gesammelt im Heft **„Curry-Netz"** (3. Auflage 1983) herausgegeben hat.

Ich stelle den Verlauf dieses Netzes bei allen Wohnungsuntersuchungen mit der Rute genau fest und beobachte immer wieder, daß es einen sehr großen schädlichen Einfluß auf die Menschen ausübt.

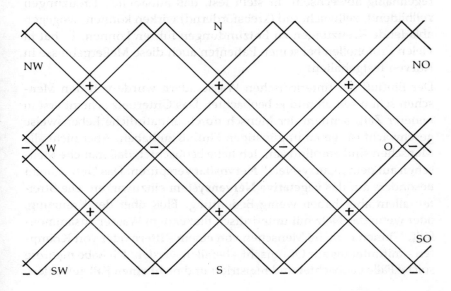

Diese Störzonen verlaufen in den Zwischenhimmelsrichtungen, also von NO nach SW und von SO nach NW, rechtwinkelig, mitunter auch schiefwinkelig verzerrt, bei uns in Mitteleuropa (Österreich hat 48° n. Br.) meist in einem Abstand von ca. 3$^{1}/_{2}$ oder 4 m. In Ländern weiter im Norden ist das Gitternetz entsprechend enger. In Norddeutschland, z. B. in Emden an der Nordsee (53° n. Br.), fand ich es im Abstand von 2,75 m und 3 m. In Bolivien, welches näher beim Äquator liegt (17° s. Br.), fand ich das Netz in 4$^{1}/_{2}$ bis 5 m Entfernung vor. Ich habe in El Chochis das Krankenhaus untersucht und somit eine größere Fläche genau gezeichnet.

Die Streifen selbst fühle ich durchschnittlich 75 cm breit. Sie schwanken wetterbedingt in der Breite.

Dr. Curry untersuchte meßtechnisch die Einflüsse über dem Gitternetz. Er unterscheidet bei dem Netz **aufladende (+)**, d. h. den Reaktionsabstand (= Eigenwelle des Menschen) verlängernde und **abladende (–)**, d. h. den Reaktionsabstand verkürzende Kreuzungen, die regelmäßig abwechseln. Er stellt fest, daß aufladende Kreuzungen zellbildend, zellwuchernd (krebsfördernd) wirken können, wogegen abladende Kreuzungen zu Entzündungen führen können. Er hat in vielen Protokollen bei seinen Patienten auch diese Meßergebnisse in Kurven festgehalten.

Der Einfluß der unterirdischen Wasseradern wurde von den Menschen schon seit eh und je beobachtet. Das Gitternetz scheint erst in neuerer Zeit, seitdem der Mensch durch unnatürliche Lebensweise geschwächt ist, einen ungünstigen Einfluß zu haben. Aber nicht alle Menschen sind empfindsam. Ich habe beobachtet, daß manche Menschen auf dem „Curry-Netz" **Nervosität** verspüren. Das Netz scheint besonders auf das **vegetative Nervensystem** einzuwirken. Die Streifen allein aber haben wenig Bedeutung. Bloß über der Kreuzung, oder wenn das Netz mit unterirdisch fließendem Wasser zusammenfällt, können manche Menschen von einem **Zittern** oder von **Krämpfen** – mitunter bis zur Ohnmacht – befallen werden. Ich habe mehrere solche Fälle beobachtet und registriert und nicht **einen** Fall gefunden, bei dem die Verkrampfung auf völlig ungestörtem Platz zustande gekommen wäre. Manche haben über einer Curry-Kreuzung ein ähnliches Empfinden wie bei Elektrizität. Ein hochsensibler Elfjähriger sagte bei einem **Versuch auf einer Curry-Kreuzung:** ,,**Hier kommt mir vor, als ob der Blitz durch mich durchführe!**'' (Nr. 160) Dr. med. Curry und später Dr. med. Petschke[22] stellten durch zahlreiche Versuche fest, daß die **Blutsenkungsgeschwindigkeit** beim gleichen Blut verschieden ist, je nachdem, ob der Versuch auf neutralem Boden oder über einer Störzonenkreuzung durchgeführt wird.

Noch eine **Klärung:**
In meinem Buch verwende ich meist den Ausdruck ,,**Störzone**'', manchmal auch Reizzone oder Reizstreifen, pathogene Zone oder ,,bestrahlter Platz'', Bodeneinfluß oder Bodenstrahlung.
Unter diesen Bezeichnungen meine ich sowohl den Einfluß von unterirdischen Wasseradern als auch von ,,Curry-Streifen'', wenn ich dies nicht eigens nenne.
Unter ,,Bettumstellung'' meine ich immer die Bettumstellung auf einen ,,**guten Platz**''.

Wie findet der Rutengänger und Pendler die einzelnen Bodenausstrahlungen, ohne sie zu verwechseln? Ich möchte einen Vergleich mit dem Rundfunk- und Fernsehgerät heranziehen. Hier können durch das Drehen des Drehkondensators einzelne gewünschte Wellen trennscharf angepeilt werden, wodurch der Empfang zustande kommt. In ähnlicher Weise kann der sensitive Mensch, der begabte Rutengänger und Pendler, bei dem Geist, Seele und Körper harmonisch zusammenarbeiten, mit seinem Gehirn – das sowohl Sender als Empfänger sein kann – das, was er finden will, trennscharf ,,anpeilen''. Er wird sich sagen: ,,Ich wünsche empfindsam zu werden für unterirdisch fließendes Wasser mit Ausschluß jeder anderen Strahlung.'' Ein andermal: ,,. . . für den Currystreifen . . .'' Dieser aufmerksam formulierte Wunsch, ohne geistige Anstrengung, ist die Voraussetzung für das Gelingen.

Der **Anfänger** muß bescheiden sein und darf sich nicht wundern, wenn ihm nicht sofort Schwieriges gelingt. Wenn er ernsthaft arbeiten will, soll er sich unbedingt an einen erfahrenen Rutenmeister wenden oder einen Schulungskurs besuchen, damit er praktische Anleitungen bekommt und auch **Vorsichtsmaßnahmen** erfährt, um nicht selbst gesundheitlich Schaden zu erleiden.

Selbstverständlich ist es nicht allen Rutengängern möglich, die Wohnungsuntersuchungen derart genau durchzuführen, daß sie Pläne anfertigen und die Netze einzeichnen. Ich jedoch mußte die Arbeit mit mathematischer Gründlichkeit durchführen, um den **lückenlosen Beweis von der Wirksamkeit des Störzoneneinflusses** liefern zu können.

Ich möchte noch erwähnen, daß ,,Vollsensible" selbstverständlich alle Netze finden können. So gelang es mir bei der Radiästheten-Versammlung in Salzburg am 26. November 1970 mit verbundenen Augen, auf den ersten Anhieb das ,,Hartmann-Netz" richtig zu finden.

Es genügt im übrigen für einen Rutengänger, daß er sich ganz allgemein auf die Person des Auftraggebers einstellt – so sagte es auch Diplom-Psychologe Ulrich W i e s e[23] – und sich darauf einstellt, das zu finden, was für **diesen** Menschen eine Störung bedeutet. Dann wird er dort den Rutenschlag bekommen. Er muß also nicht unbedingt unterscheiden, um **welche** Störung es sich handelt. Nicht jede Störung schadet jedem Menschen! Wo die Rute ruhig, d. h. in waagrechter Lage, bleibt, dort ist ,,der für den Auftraggeber ungestörte, gute Platz".

Diesen ,,guten Platz" festzustellen ist die wichtigste Aufgabe des Rutengängers. Bevor er nicht die ,,bestmöglichen" Plätze angegeben hat, darf er das Haus nicht verlassen.

6. Was sagen Wissenschafter und Ärzte zur Radiästhesie?

a) **Wissenschafter:** Ohne von den bereits vorhandenen wissenschaftlichen Arbeiten auf dem Gebiete der Radiästhesie genug Kenntnis gehabt zu haben, meinte Dr. Otto Prokop[25], ein Bonner Privatdozent, in seinem Buch „Wünschelrute, Erdstrahlen und Wissenschaft", 1955, die Rutendrehung sei Schwindel oder Einbildung, die Rutengeher gehörten also entweder vors Gericht oder psychiatrisch behandelt. Gegen diese falsche Anschuldigung beziehe ich mehrmals klar Stellung in diesem Buch, und zwar durch Beweise unterstützt. Dr. O. Prokop meinte ferner, die Erfolge der Rutengänger beruhten ausschließlich auf Zufällen, der Rutenausschlag sei nicht reproduzierbar (= wiederholbar) und habe deshalb keinen wissenschaftlichen Wert.

Sofort haben mehrere Wissenschafter schärfstens erwidert. Ing. Oberneder[4] bewies im Buch „Tatsachen und Dokumente zum Streit um die Wünschelrute" (S. 6), **daß bereits 1932 in München-Solln die Reproduzierbarkeit des Rutenausschlages vorgezeigt worden war,** und daß namhafte Wissenschafter für die Echtheit des Rutenausschlages und für den Wert der Verwendung der Rute eingetreten waren: Dr. phil. und Dr. med. Wüst bereits 1935, Univ.-Prof. Dr. Y. Walther bereits 1933. Er hatte Versuche mit 450 Studenten angestellt. Ebenso waren bereits radiästhetische Studien vom Dubliner Ordinarius für Physik, Sir William Barett, und vom Strahlenforscher Univ.-Prof. Dr. Lakovsky in Paris vorhanden.

Bedauerlicherweise hat also Dr. Otto Prokop mit seinem Buch die **Ärzteschaft falsch informiert,** und es gibt leider auch heute noch so manche Anhänger dieser überholten Meinung. Warum? **Weil der Großteil der Ärzte wegen Überarbeitung keine Zeit zur freien Fort-**

bildung und Information hat und weil bislang in Österreich ein Lehrstuhl für Radiästhesie fehlt.

Der bahnbrechende Wissenschafter Dr. med. W ü s t [11] nimmt an, daß Strahlungen aus dem Kosmos kommen, mit verschiedenen Wellenlängen (Millimeter, Zentimeter, Dezimeter und Meter) und je nach Beschaffenheit der Erdoberfläche in verschiedener Weise absorbiert und reflektiert werden, und zwar auf oft kurzen Abständen mit recht beträchtlichen Unterschieden. Er berichtet davon im obengenannten Buch, S. 17, daß diese Verhältnisse **mit Hilfe tragbarer UKW-Feldstärkemeßgeräte** studiert wurden. Dr. Wüst beobachtete, daß gerade die Bereiche der Millimeter-, Zentimeter- und Dezimeterwellen biologisch sehr wirksam sind bzw. deren Intensitätsunterschied am stärksten gespürt wird. Er schreibt: ,,Zu dieser Auffassung führen mich nicht bloß eigene Wellenlängenvermessungen, sondern auch Meßergebnisse des Salzburger Stadtbaudirektors Dipl.-Ing. Ludwig S t r a n i a k und des französischen Professors L a r v a r o n."

In einem **Fernsehinterview** im Februar 1972 versicherte Univ.-Prof. Dr. Hellmut H o f m a n n , der Vorstand des Institutes für Grundlagen und Theorie der Elektrotechnik der Technischen Hochschule in Wien: ,,**Die Erfolge der Rutengänger sind so evident, daß die Wissenschaft sie heute nicht mehr ablehnt.**"

Der deutsche Forscher Dipl.-Ing. Robert E n d r ö s [6], Ing. für Wasser-, Brücken- und Tunnelbau (welcher leitend beim Bau der U-Bahn in München mitarbeitete), hielt beim Österreichischen Radiästheten-Kongreß 1973 einen Dia-Vortrag [6] mit dem Titel ,,Strukturen im Strahlungsfeld unserer Umgebung". Er führte unter anderem aus, daß er durch systematische Untersuchungen und meßtechnische Vergleiche zu der Hypothese gekommen sei, daß das Gitter-Netz durch eine **Vibration** (Schwingung) **des Erdballs** entstehe, wobei durch Scheerwellen an den Wendepunkten ein piezoelektrischer Effekt ausgelöst werde, und das bedeute die Erzeugung eines elektrischen Stromes durch Zwang in den Kristallgittern der Bodenmineralien . . . Der Forscher wies ferner darauf hin, daß insbesondere die Kreuzung des Gitternetzes das **Mikrowellenstrahlungsfeld verändert** und damit störend auf die Lebensvorgänge einwirkt. Weiter betonte er, daß das Erfahrungswissen der Rutengänger durch ihre subjektive Wahrnehmung nicht im Gegensatz zur Wissenschaft zu stehen braucht, sondern im Gegenteil mit ihrer bedeutend feineren Empfindlichkeit, als die der derzeitigen technischen Meßfühler, Ausgangspunkt für neue Erkenntnisse sein kann. Dipl.-Ing. Endrös veröffentlichte seine Erkenntnisse in dem sehr empfehlenswerten Buch „Die Strahlung der Erde und ihre Wirkung auf das Leben" (Paffrath-Verlag, D-5630 Remscheid).

Der österreichische Wissenschafter Univ.-Prof. DDr. P. Andreas Resch[26], Innsbruck–Rom, bewies mit seiner Doktorarbeit über die Phänomene der Radiästhesie „Zur Geschichte und Theorie des siderischen Pendels mit Berichten über eigene Experimente" die Echtheit der Pendelschwingung.

Dr. Yves Rocard vom Physiklabor der Ecole normal Supérieur in **Paris** machte Experimente mit zehn Rutengängern, die unabhängig voneinander sowohl im Wald an den gleichen Stellen Wasser fanden, als auch im Labor die Versuche erfolgreich durchführten. Sie mußten Versuche in aufgebauten elektromagnetischen Feldern machen. Diese Versuche gelangen bestens. Der Forscher vermutet, daß der **Ruteneffekt** auf kernmagnetischen Resonanzen beruhen könnte. Er stellte fest, daß Rutengänger noch auf äußerst schwache elektromagnetische Felder reagieren. Ohne die Magnetfelder bewußt, d. h. verstandesmäßig, wahrzunehmen, zuckte es bei den Versuchspersonen in den Gliedern schon bei wenigen Tausendstel Örsted (Einheit der magnetischen Feldstärke).

Dipl.-Psychologe Ulrich Wiese[23], Heilpraktiker, Dettelhausen, sagte in seinem Referat „Umwelt und Krankheit" beim Österr. Radiästheten-Kongreß 1975, daß der „instinktgesunde" Mensch sich seine „Wahlheimat" sucht, d. h. die Umwelt, in der er körperlich und geistig wachsen kann. Weiter führt er aus: „Es gibt Störzonen, die nur bestimmten Menschen schaden können; es gibt aber auch Plätze, die jedem Menschen schaden. Der Körper des noch instinktgesunden Menschen paßt sich an, er weist Schädliches ab und nimmt Nützliches auf . . ." Früher haben uns die Störzonen weniger anhaben können, weil wir allgemein besser abgehärtet waren.

b) Auch mehrere **praktizierende Ärzte** haben den Wert der Radiästhesie erkannt und bedienten bzw. bedienen sich ihrer in der Praxis. Einige von ihnen möchte ich nennen:

Dr. Arnold Mannlicher in Salzburg schrieb schon 1949: ,,Mir hat die ernstliche Befassung mit der medizinischen Radiästhesie in den letzten 17 Jahren so viel gegeben, daß ich es heute kaum fassen kann, und ich gelangte auf dieser Basis zu diagnostischen und therapeutischen Ergebnissen, die ich vordem nie zu hoffen gewagt hätte[28].''

Der Chefarzt Dr. Karl Beck, Primarius des Kinderspitales in Bayreuth, schrieb im Artikel ,,Erdstrahlen?''[4], daß er beobachtete, wie eine Patientin, kaum gebessert aus der Klinik entlassen, daheim sofort wieder rückfällig wurde. Er untersuchte die Situation an Ort und Stelle radiästhetisch und stellte Störzoneneinfluß fest. Die Untersuchung der Patientin mit dem **EKG auf diesem Platz** ergab Extrasystolen (= Extrazusammenziehung des Herzens).
Er untersuchte viele sensible Menschen, besonders Rutengänger, in den Jahren 1956–1958 mit dem EKG, und es zeigte sich deutlich, daß der sensible Mensch beim Aufenthalt über den geopathischen Zonen (der Name **geopathisch,** d. i. ,,durch Bodeneinfluß krankmachend'', stammt von Univ.-Prof. Dr. Walther[4], welcher bereits viele Ruten-Versuche mit Studenten durchführte, und diese vor und nach dem Versuch klinisch untersuchen ließ) schädlich beeinflußt wird. Im besonderen wird das vegetative Nervensystem angegriffen, freilich unter einer gewissen Anlaufzeit. Während des Rutengehens kann aber die Reaktion schlagartig erfolgen. So stieg der Pulsfrequenzmittelwert bei einer Rutengängerin in Bayreuth innerhalb einiger Sekun-

den von 90 auf 200 an und fiel nach Beendigung der Arbeit wieder auf 100 zurück.

Chefarzt Dr. Josef Issels von der Ringbergklinik betont in einem Schreiben an die Ärzte, dessen Fotokopie ich besitze, ,,Tatsache ist, daß über bestimmten, genau abgrenzbaren Bezirken (Reizstreifen), die ein sensitiver Mensch mit der Rute feststellen kann, der menschliche Organismus bei längerem Verweilen in Unordnung kommen und krank werden kann.
Es liegen so viele beweisende Naturphänomene und diesbezügliche Beobachtungen vor, daß wir nicht nur berechtigt, sondern verpflichtet sind, unsere Patienten darüber aufzuklären und ihnen zu helfen, Gefahren von dieser Seite auszuschalten oder zu meiden''.

Dr. med. Ernst Hartmann in Eberbach berichtet über seine reiche Erfahrung im Buch ,,**Krankheit als Standortproblem**''[5]. Er hatte es sich zur Aufgabe gestellt, die Schlafstelle seiner Patienten, besonders der Krebskranken, mit dem UKW-Feldstärkemeßgerät zu untersuchen. Er hat auch überaus reiche Erfahrung und beweiskräftiges Material gesammelt. Immer wieder hat er das Zusammentreffen der stark wirkenden geopathischen Zonen und der schweren Organerkrankungen beobachtet.
Dr. Hartmann fiel auf, daß genau senkrecht unter Deckenrissen sich Organerkrankungen finden. Immer wieder hat er bei seinen Patienten nach dem Standortwechsel rasche Besserung und Heilung erwirkt.
Er beobachtete, daß die meisten Krankheiten ortsgebunden, d. h. durch geopathische Zonen und Punkte vorbestimmt sind. Er schreibt ferner:

Es braucht im allgemeinen Monate und Jahre, bis der Körper durch den geopathischen Reiz an der Schlafstelle sensibilisiert ist. Es sind dann besonders die **Wetterfronten,** die an den betreffenden Körperstellen Beschwerden hervorrufen. Die verschiedenen Konstitutionstypen sind gegen die geopathischen Reize nicht gefeit. Der Unterschied besteht nur darin, daß der eine Typ länger braucht als der andere."

Der K-Typ ist in besonders hohem Maße wetterfühlig und störzonenempfindlich.

Dr. med. Dieter Aschoff[23], Wuppertal-Elberfeld, berichtete beim Kongreß in Puchberg 1975 in seinem **Referat „Aus geobiologischer Praxis"** von auffallenden Erfolgen durch die Bettumstellung der Patienten. Unter anderem sagte er: „**Es gehört heute für den Arzt kein Mut mehr dazu, mit Patienten darüber zu sprechen, denn die Beobachtungen sind durch physikalische Versuche erhärtet worden!** Alle Krankheitsherde der Patienten stimmten mit physikalisch meßbaren Methoden überein! Ein Arzt, der die Reizstreifen berücksichtigt, kann dem Schicksal in die Radspeichen greifen, kann das Rad des Schicksals umdrehen. Für uns und unsere Patienten ist der Erfolg entscheidend und gibt uns das Recht. Das Wohl des Kranken bleibt oberstes Gesetz!"

Dr. med. Hilde P l e n k , Wien, sagte bei einem Vortrag im Frühjahr 1977: „Bei allen, bei denen **Durchuntersuchungen im Spital** erfolglos blieben, weil man ‚nichts gefunden hatte' – aber auch bei solchen, bei denen nun ‚endlich etwas gefunden wurde', d. h. wo die Schädigung lang genug stattgefunden hatte, sodaß nun doch ein organischer Schaden eingetreten war und erkennbar wurde –, sind die tiefere Ursache der Erkrankung die Erdstrahlen!" Diese Aussage der Ärztin kann ich erfahrungsgemäß voll und ganz bestätigen!

Dr. med. Wolfgang S t a r k[30], Salzburg, welcher mich schon mehreren seiner Patienten empfohlen hat, gab mir anläßlich seines Besuches (1975) folgende Erklärung: „Beim gesamten **Stoffwechsel** im Menschen haben wir es mit **bioelektrischen Vorgängen** zu tun . . . Mit einem Elektronen-Mikroskop wurde nachgewiesen, daß die **Nahrungsaufnahme vom Darm in die Lymph- und Blutbahn durch sogenannte Polaritätsdifferenz** zustande kommt. Auf der einen Seite der

Membran (Zellwand) sind „Plus-Zellen" und auf der anderen Seite „Minus-Zellen". Dadurch kommt es zu einer Diffusion (Durchgang, Vermischung) der Nahrung vom Darm in die Lymph- und Blutbahn. **Diese Polarität wird bei lebendigen Geweben (Zellen) über einer Reizzone gestört . . ."**

Dr. Manfred K ö h n l e c h n e r schreibt in seinem sensationellen Buch „Man stirbt nicht im August"[43] auf Seite 156: „. . . Heute muß dem **Risikofaktor Standort** mehr Aufmerksamkeit gewidmet werden als in vergangenen Zeiten . . ."

7.a) Was sagen Ärzte und Wissenschafter zu meinen Wohnungsuntersuchungen?

Ich habe seit meiner Praxis als Rutengängerin bereits **mit mehr als 300 Ärzten Kontakt** aufgenommen. Alle Ärzte, vorausgesetzt, daß sie sich zumindest eine Stunde Zeit nahmen, um meine Arbeiten, einzelne Untersuchungsfälle, genauer anzusehen, waren – nach anfangs begreiflicher Skepsis – von der Wirksamkeit der Bodeneinflüsse und von der Möglichkeit, sie mit der Rute festzustellen, überzeugt.

In den ersten Jahren verschwieg ich immer die Namen der Gelehrten und Ärzte, welche mir Interesse und Aufgeschlossenheit entgegenbrachten und meine Fühlergabe in Anspruch nahmen. Sie sollten nicht, wie einst Dr. Semmelweis, Spott oder Unannehmlichkeiten erfahren müssen.

Heute aber, so scheint es mir, ist diese Zeit vorbei. Heute betrachte ich es für erlaubt, ja geradezu für notwendig, wenigstens die Namen einiger Ärzte und Wissenschafter, die ohne Menschenfurcht, aufgeschlossen und fortschrittlich, sich diesen neuen Gedanken und Erkenntnissen geöffnet haben, in meinem Buch zu nennen. Heute droht ihnen sicher keine Gefahr mehr!

Als ich bei einer bekannten, schwerkranken Frau die Störzonen-Kreuzung vorfand und die Bettumstellung empfahl, dachte ich mir, es sei am klügsten, wenn ich selber ihrem Hausarzt die Situationszeichnung zeige und ihm den Grund der Bettumstellung erkläre. Ich gestehe, daß ich dieses erste Mal mit gewisser Sorge den Kontakt aufnahm. Der Arzt und seine Gattin aber waren sehr freundlich, aufgeschlossen und interessiert. Deshalb erzählte ich ihnen ausführlicher von meinen Wohnungsuntersuchungen. Beide sagten während meiner Erzählung immer wieder: ,,Vielleicht sind bei diesem Patienten und bei jener Patientin solche Einflüsse vorhanden, weil gar keine Behandlung nützt . . . !"

Schließlich bat mich dieser fortschrittliche und mitfühlende Arzt, Herr Medizinalrat Dr. med. univ. Christian Schaber[31], Kuchl, Salzburg, ihn zu diesen Patienten zu begleiten und dort die Schlafstelle zu untersuchen. In allen sieben Fällen fand ich mit der Rute Störzonen-einfluß-Kreuzungen im Bettbereich vor, und er gab seinen Patienten den Rat, unbedingt meine Empfehlungen zu befolgen und das Bett ganz strahlungsfrei zu stellen . . . Nach einiger Zeit erfuhr ich, daß bei allen Patienten eine Besserung, bei manchen eine auffallende Heilung eingetreten war.

Der Arzt DDr. med. univ. Lothar R. v. Kolitscher[32], Kurort Igls, Innsbruck, bat mich, nachdem ich ursprünglich bei Kleinkindern und Schulkindern untersucht hatte, später auch zu anderen Patienten, insgesamt zu 109 Personen, die nur sehr langsame Reaktionen auf seine Behandlung gezeigt hatten. Überall konnten Störzonen festgestellt werden, meist Störzonen-Kreuzungen. Jedesmal sandte ich dem Arzt die genaue Situationszeichnung. Herr DDr. med. univ. Lothar R. v. Kolitscher konnte feststellen, wie er mir mitteilte, daß die **Patienten nachher plötzlich viel intensiver und ausgeglichener auf die Medikamentation reagierten.** Er führte das auf die Veränderung der Schlafstelle bzw. die Ausschaltung der Reizeinflüsse und die dadurch geringere Belastung der Patienten zurück.

46

Wörtlich sagte mir dieser erfolgreiche Arzt am 9. September 1971:
„Ich möchte mich für Ihren Einsatz, für die Wohnungsuntersuchungen bei meinen Patienten, herzlich bedanken, und ich möchte Ihnen mitteilen, daß Sie überall sehr gute Arbeit geleistet haben. Das ist nicht nur ein billiges Lob, sondern ich spreche als kritischer Mediziner: **Was Sie hier leisten für die Medizin, das ist einmalig!"**
Jener Tag gehört zu den glücklichsten meines Lebens!

Am 18. 5. 1972 sagte dieser gleiche Arzt zu mir: „**Dieses Kind haben Sie gerettet.** Es wird erst im späteren Leben verstehen und begreifen, was es Ihnen zu verdanken hat!"
Dieses Kind, 11 Jahre alt, hatte in einem Jahr viermal wegen Knöt-chenbildung beim Hals eine Ope-ration, und die Wunde heilte nie.

484 b: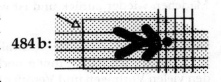

Das Kind lag mit dem ganzen Kör-per über Wasser und hatte beim Kopf die Curry-Kreuzung. Erst nach-dem es Bett- und Schulplatz ganz strahlungsfrei hatte, konnte die ausgezeichnete ärztliche Behandlung Erfolg haben und das Kind ge-nesen.

Der Sprengelarzt Dr. Georg Brandstätter[33], sagte: „**Es gibt manches zwischen Himmel und Erde, was wir noch nicht verstehen.** Die Hauptsache ist es, wenn dem Kranken geholfen werden kann, besonders dem Kranken, bei dem wir mit der Schulmedizin am Ende sind! Dazu bitte ich Sie um einen Beweis für Ihre Aussagen, und zwar um die Untersuchung bei meinem schwierigsten Fall." Am Telefon sprach er mit dem Vater der Patientin: „Ich habe gerade eine Ruten-gängerin zu Besuch. Ich war anfangs sehr skeptisch und habe sie ‚auf Herz und Niere geprüft', jetzt aber bin ich davon überzeugt, daß sie die Wahrheit sagt, daß es Bodeneinflüsse gibt, und daß sie diese su-chen kann. Es würde mich nun brennend interessieren, ob bei Ihrem Kind solche Einflüsse vorhanden sind. Denn Sie wissen ja, **daß wir**

bei ihm mit der Schulmedizin am Ende sind und daß wir seit Jahren nur mehr schmerzstillende Mittel verabreichen." Der Arzt führte mich ins Haus. Die Untersuchung ergab eine breite Wasserader und eine Curry-Kreuzung beim Bett. Ich meinte eine unterernährte Zwölfjährige vor mir zu haben, erfuhr aber, daß das Mädchen bereits 16 Jahre alt war. Ich gab den guten 617: 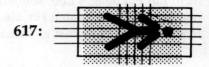 Platz an, wohin das Bett gestellt werden solle. Leider konnte in diesem Fall die Bettumstellung keine rasche Hilfe bringen. Es waren auch zuwenig Verständnis und Geduld vorhanden. So legte sich das Mädchen wieder zurück und ist weiterhin leidend.

Der praktische Arzt Dr. Oswald Polzer[34], Linz, schrieb am 16. 1. 1974: ,,Ich danke Ihnen nochmals für Ihre Mühewaltung bei den vielen Vorträgen und Veröffentlichungen, mit denen Sie Licht in die Menschheit tragen, zum Wohl und Heil der Kranken."

Frau Dr. med. univ. Franca L. Graf[35], Salzburg, schrieb auf einer Karte vom 19. 8. 1973: ,,Ihre Sensibilität und Ihr Wissen werden vielen Menschen neue hilfreiche Wege weisen."

Der bekannte Münchner Arzt Dr. Robert Steidle[36], ehemaliger Präsident der Münchner Ärztekammer, zeigte während des Berichtes großes Interesse und schrieb mir im Brief vom 5. 8. 1974: **,,Und wenn wir mit so ungefährlichen Maßnahmen helfen können, wäre das doch ein wirklicher Fortschritt!"**

Der Arzt und Heilmagnetiseur Dr. med. Karl Kanzian, Wien, sagte nach meinem Vortrag in der Urania zu mir: ,,Ihr Tatsachenmaterial ist derart überzeugend, daß genaugenommen zehn Beispiele genügen würden. Für solche, die diese Sache **nicht glauben wollen,** nützen hundert Beispiele auch nicht."

48

Amtsarzt Dr. Hubert Kirschner, Tamsweg, leistete meiner Einladung Folge, besuchte am 12. März 1975 meinen Vortrag und sprach anschließend anerkennende persönliche Worte.

Der Großteil der Ärzte bat mich natürlich nicht nur, die Wohnung ihrer „Sorgenkinder", sondern auch das eigene Haus zu untersuchen, denn sie wünschten auch für sich und ihre Familie strahlungsfreie Schlaf- und Arbeitsplätze.

Der Facharzt für interne Medizin Dr. Oswald Ravanelli[27], Innsbruck, sagte: „In diesem Bett, wo Sie diese **Wasserader** und die **Curry-Kreuzung** feststellen, lag ein paar Jahre hindurch mein Töchterlein N. und hatte damals ständig Bauchschmerzen. Ich, und auch meine Kollegen, konnten ihr nicht helfen."

Im April 1972 besuchte ich einen Kurs für „**Autogenes Training**", welcher vom Kneippbund veranstaltet und vom Facharzt für Nerven- und Gemütskrankheiten Dr. Kurt Meusburger in Salzburg[37] durchgeführt wurde. Im Anschluß daran wurde mir ein längeres Informationsgespräch ermöglicht. Zum Schluß sagte der Arzt: „Ich glaube hundertprozentig, daß diese Störzonen einen großen Einfluß ausüben. Ich habe schon an der Universität in Innsbruck von den Forschungen des Dr. Curry gehört. Ich freue mich, daß ich nun so viel erfahren konnte . . . Ich werde einzelnen Patienten raten, versuchsweise einige Wochen auf einem anderen Platz zu schlafen . . ."

Dr. Ralf Türk, ein führender deutscher Zahnarzt und Kieferchirurg, ein Leser meines Buches, besuchte mich 1977 und lud mich ein, seine Klinik in Bad Pyrmont/Westfalen zu untersuchen, „damit alle Patienten die bestmögliche Heilungschance haben", wie er sagte. Außerdem lud er mich ein, beim **Symposium für Ärzte und Zahnärzte** in Mainz im Mai 1978 meinen Vortrag zu halten.

Auch Universitätsprofessoren fanden für meine Forschungsarbeit anerkennende Worte.

Univ.-Prof. Primarius Dr. Andreas R e t t[38], ein anerkannter Schulmediziner in Wien, lud mich ein, sein Krankenhaus (Nr. 1346) zu untersuchen. Diese Arbeit führte ich am 2. April 1974 durch und fertigte auch die genaue Zeichnung aller Räume mit Eintragung der Wasserläufe und des Curry-Netzes an. Dazu schrieb ich einen Bericht mit genauen Empfehlungen. Herr Professor R e t t antwortete mir: „ . . . **Ich persönlich bin überzeugt, daß die Störzonen ihre Einflüsse haben.** Nicht ausschließlich, aber sicher zusätzlich . . . Die Natur und somit der Mensch unterliegt – ‚leider‘ – einer Unzahl von störenden Einflüssen . . . Ich danke Ihnen jedenfalls herzlich für Ihre große Mühe, die ernste Arbeit und Ihren Bericht . . .“

Univ.-Prof. Dr. Enrico da S i l v a - B a s t o s[24], Sao Paulo, Brasilien, meinte: „Ihr Material ist überzeugend. Ich möchte nun aber auch einen persönlichen Beweis. Wir haben seit 6 Jahren an unserer Klinik eine junge Krankenschwester, die immer wieder krank ist. Die beste Behandlung hat keinen richtigen Erfolg, besonders in der Früh hat sie arge Schmerzen. Ich wäre neugierig, ob Sie Störungen beim Bett dieser Krankenschwester vorfinden.“ Das Untersuchungsergebnis war Wasserader und Curry-Kreuzung.

Nr. 980:

Univ.-Prof. Dr. Roland L a r a - S t o h m a n n[39], Laz Paz, Bolivien, lud mich ein, sein Haus und seine Klinik zu untersuchen. Für die Klinik hatte ich zuwenig Zeit, da ich nur ein paar Stunden Flugaufenthalt hatte, aber sein Haus (Nr. 938) untersuchte ich. Es war auch dort genaue „Übereinstimmung“ vorhanden. Mit großem Interesse nahm er Einblick in meine Arbeit und gab mir Empfehlungen für vier europäische Kollegen. Unter ihnen Univ.-Prof. Dr. J., Graz. Auch dieser war sehr aufgeschlossen und versicherte mir, er wolle in Hinkunft bei jenen Patienten, bei denen er mit seinen Methoden keinen Heilerfolg erzielen könne, die Bettumstellung „auf gut Glück“ empfehlen.

Univ.-Prof. DDr. P. Andreas R e s c h [40], Innsbruck–Rom, bezeichnete meine Zeichnungen als **„wertvolle Dokumentation"**, ersuchte mich, einige davon fotografieren zu dürfen, weil er sie für seine Vorlesungen verwenden wolle.

Univ.-Prof. Dr. Wilhelm Josef Revers [41], Vorstand des Institutes für Psychologie der Universität Salzburg, ließ sich über meine Arbeit ausführlich informieren, ersuchte mich dann um die Hausuntersuchung und lud mich schließlich zur Mitarbeit bei einem Kolloquium ein.

Univ.-Prof. Dr.Hellmut H o f m a n n [50], Vorstand an der Technischen Hochschule in Wien, schrieb mir nach dem Besuch meines Vortrages in der Urania in Wien: „Ihr Material ist sehr beeindruckend, und ich wünsche Ihnen für Ihre Tätigkeit auf diesem Gebiet weiterhin viel Erfolg!"

Univ.-Prof. Dr. Z. V. H a r v a l i k, Physiker, Vizepräsident des amerikanischen Radiästheten-Verbandes (Lorton, Virginia, USA), zeigte sich besonders interessiert an meiner Tatsachenforschung und schrieb mir: „Ihre Resultate sind überzeugend und ermutigend". Anläßlich seiner Europareise hat er mir freundlicherweise in einem mehrstündigen persönlichen Gespräch seine Forschungsergebnisse über die „Biophysikalischen Aspekte des Wünschelruten-Effektes" dargelegt. Ich möchte aber diese hochwissenschaftlichen Ausführungen hier doch nicht anführen, weil sie den bescheidenen Rahmen meines Buches sprengen würden. Interessenten möchte ich dafür auf seine Aufsätze in der Zeitschrift des Deutschen Radiästheten-Verbandes verweisen. (Heft 1/1974, Hefte 1, 2, 4/1976 – Herold-Verlag, München 71, Kirchbachweg 16.)

Der Forscher Ing. Egon E. E c k e r t, Newton, USA, der mit seiner Studie „Plötzlicher und unerwarteter Tod im Kleinkindesalter und elektromagnetische Felder" (Sonderdruck „Med. Klinik", Urban & Schwarzenberg, München – Berlin – Wien 1976) großes Aufsehen erregte, schrieb mir: „Ihr Buch ‚Erfahrungen einer Rutengängerin' habe ich aufmerksam gelesen und studiert. Ich bin sehr beeindruckt, nicht nur von Ihrem Wissen und Können, sondern besonders von dem großen Umfang Ihrer wertvollen Untersuchungen, welche dadurch auch der Statistik zugänglich werden. Empfangen Sie meine besten Wünsche für eine große Verbreitung dieses einmaligen Werkes."

Der deutsche Forscher Dipl.-Ing. Robert E n d r ö s[51], Landshut, schrieb mir am 1. 10. 1973: ,,Von Ihrem Vortrag in Puchberg bin ich nachhaltig beeindruckt. Ich habe mich sehr gefreut über die **exakte Darstellung Ihrer Beobachtungen.** Die aufgezeigten Zusammenhänge decken sich durchaus mit meinen Erfahrungen . . ."

Prof. Dipl.-Chem. Karl Ernst L o t z[11], Professor an der Fachhochschule für Bauwesen in Biberach, sagte zu mir am 22. 7. 1976: ,,Sie haben eine sehr saubere Arbeit geleistet. Ich konnte im Hause der Familie P., Salzburg, mit meinen technischen Apparaten genau an der gleichen Stelle das Vorhandensein der unterirdischen Wasseradern feststellen, wie Sie diese vorher in den Plan eingezeichnet hatten."
In einem Brief (1982) schreibt er: ,,Mit Ihrem Buch haben Sie eine hervorragende Pionierarbeit geleistet!"

7.b)   Der Rutengänger, ein Helfer des Arztes

Der Rutengänger ist keine Konkurrenz des Arztes, sondern sein Helfer. Denn er verhilft ihm dort zu Erfolg, wo jener vorher vielleicht jahrelang sich umsonst bemüht hat, weil die Strahlungen in der Nacht dem Patienten diese Kräfte wieder geraubt haben, die er durch seine Behandlung bei Tag aufzubauen bemüht war.

Ich war im Hause eines Landarztes zu Gast. Um Mitternacht, während eines starken Gewitters, schellte das Telefon. Die aufgeregten Eltern einer Neunzehnjährigen fürchteten, ihre Tochter müsse sterben, sie lag bereits eine halbe Stunde bewußtlos im Bett. Deshalb baten sie den Arzt dringend um sein Kommen. Pflichtgetreu war er sofort dazu bereit. Er konnte die Jugendliche noch retten. Am anderen Tag bat mich der Arzt um die Kontrolle des Schlafplatzes dieser Patientin. Sie war über Wasserader und Curry-Kreuzung gelegen. Natürlich wurde das Bett sogleich auf einen guten Platz gestellt, und das Mädchen konnte bald genesen.

Wir brauchen eine große Zahl von einfachen, edlen, gewissenhaften Rutengängern, die ihr Naturtalent zum Wohle der Mitmenschen nützen wollen und auch bereit sind, als Helfer des Arztes sich einsetzen zu lassen! Das ist auch das Anliegen vieler Verantwortlicher. Deshalb auch schrieb Pater E. H o c h sein Buch **„Strahlenfühligkeit"** (**Umgang mit Rute und Pendel),** Veritas-Verlag Linz. Er ist damit den Bitten vieler nachgekommen und hat damit eine Lücke gefüllt. Er bringt vieles von dem, was ich mit Absicht nicht schrieb, weil ich mich auf meine eigentliche Aufgabe beschränken mußte. Sein Buch berichtet ausführlich über die geschichtliche Entwicklung der Radiästhesie, geht näher auf die Arbeit mit Rute und Pendel ein, gibt somit die Möglichkeit zum **Anlernen von Rutengängern und Pendlern** und bringt auch Möglichkeiten einfacher, billiger Abschirmungen für den Fall, daß das Ausweichen sehr schwer möglich ist.

7.c) Schulung einfacher, mental arbeitender Rutengänger

Es gibt dort und da solche Möglichkeiten. Auch ich habe schon eine große Zahl einfacher Rutengänger genau angelernt, teils in Gruppenschulungen (Frauenberg/Enns, München, Altötting), überwiegend aber in Einzelschulungen, in vielen Orten, in vielen Ländern. Alle diese hatten bei der Arbeit Übereinstimmung und berichteten mir

später über ihre Erfahrungen. Sie stimmen mit meinem Erfahrungswissen überein: Die **chronisch Schwerkranken** haben ihren Schlafoder Dauerarbeitsplatz fast ausschließlich (95 %) auf F l ä c h e n , die
durch **Wasser und Curry-Netz** gestört sind, besonders dort, wo diese
zwei Störungen zusammenfallen. (Betrachten Sie einmal diesbezüglich die Zeichnungen in diesem Buch.) Sie sind nur ein Bruchteil von
den 3000 Wohnungs- und Hausuntersuchungen, deren Protokolle ich
geordnet aufgehoben habe.

Die F l ä c h e n , die dazwischen liegen, haben **gute, harmonische
Strahlung** (früher sagte man, sie sind „strahlungsfrei", neutral) und
sind sehr geeignet für Schlaf- und Dauerarbeitsplätze. Auf diesen Flächen fand ich fast ausschließlich die **besonders Gesunden** vor. Dieses
Erfahrungswissen vieler Rutengänger (Dokumentationen liegen auf!)
berechtigt dazu, bei der Wohnungsuntersuchung sich für gewöhnlich
auf dieses Gitternetz und auf Wasser zu beschränken.

Der einfache Rutengänger soll nicht alles Mögliche versuchen, dabei
Kraft vergeuden und vielleicht zum Scharlatan werden, er soll
schlicht und einfach das tun, was er gut und verläßlich beherrscht,
den guten Schlaf- und Arbeitsplatz suchen und damit den Mitmenschen dienen. Einigen Hochsensiblen gelingt es, daß sie nach kurzer
Besinnung direkt die gute Strahlung anpeilen und auf diese Weise **direkt den guten Platz finden,** ohne Umweg über das genaue Suchen
aller schädlichen Zonen. Gerade die Kontaktnahme mit der schädlichen Strahlung belastet den Rutengänger sehr.

7.d) Schulung physikalisch arbeitender Rutengänger

Die **genauere Bestimmung,** welche **Einflüsse auf** diesen gestörten
Flächen noch zusätzlich wirksam sein können, z. B. die Schmalstreifen des Globalgitternetzes (Hartmann-Netzes) und vielleicht bevor-

zugt spezielle Krankheiten hervorrufen können, ist weder Sache des praktischen Arztes noch des einfachen Rutengängers, sondern ist den dazu berufenen und befähigten **Wissenschaftern** und den **speziell dafür ausgebildeten Rutengängern** vorbehalten.

Es wird in letzter Zeit auch gesprochen von Wachstumszonen, besonders an Kultstätten, wo Wasseradern und andere Zonen einen starken ,,Anreiz" geben. Ihre Wirkung mag eine begrenzte Zeit hindurch, für einige Stunden vielleicht, günstig sein, mag vielleicht einmal für gewisse Therapien herangezogen werden. Aber als Schlafplatz wird der Mensch nach wie vor einen **ruhigen** Platz mit harmonischer Strahlung brauchen.

Vieles ist noch in Forschung begriffen und noch ungeklärt, besonders auch, **warum** gerade das Curry-Netz so stark wirksam ist. Vieles aber in der Radiästhesie wird neu beleuchtet, wodurch neue Erkenntnisse gewonnen werden.

Spezielle wissenschaftliche Forschungen auf dem Gebiet der Radiästhesie leistet der deutsche Physiker Reinhard S c h n e i d e r, Wertheim. Wer die notwendigen Voraussetzungen mitbringt, wird mit Interesse und Erfolg seine **Kurse** besuchen. Es wird gelehrt, mit Hilfe verschiedener Grifflängen auf einer Plastikrute die verschiedenen Wellen aufzufinden, und zwar aufgrund der physikalischen Gegebenheiten (Literaturverzeichnis!). Auch viele Ärzte und Wissenschafter haben schon seine Kurse besucht. Es war mir eine besondere Freude, daß ich mit diesem führenden Radiästheten und Wissenschafter am 7. 3. 1981 einen längeren Gedankenaustausch pflegen konnte. Er fand auch anerkennende Worte für mein Buch und sagte mir, daß er vor allem auch die von Dr. Curry aufgestellte Behauptung, daß dieses Gitternetz für die Krebsentstehung maßgeblich mitverantwortlich sei, für richtig halte.

7.e) Das Erfahrungswissen wird allgemein ernstgenommen

Ich arbeite nie hinter dem Rücken der Ärzte, sondern im Gegenteil, ich versuche möglichst viele Ärzte zu informieren. Ja, ich schrieb am 21. Jänner 1972 einen kurzen Arbeitsbericht an den Vorstand der Vereinigung der Salzburger **Prophylaktiker,** auch an den Präsidenten der Salzburger **Ärztekammer**[29], und ich lud die Ärzte zu meinem öffentlichen Vortrag in Salzburg ein. Dieser wurde vom **Österr. Kneippbund** veranstaltet.

Bei der Diskussion nach meinen Vorträgen sprach wiederholt schon ein Arzt zustimmend und ergänzend einige Worte.

Auch wurde ich von der **Gesellschaft für biologische und psychosomatische Medizin in Wien** zum Beitritt und zur Mitarbeit eingeladen. Außerdem sprach ich über die Bodeneinflüsse in einem **Rundfunk-Interview** (Österreich Regional Salzburg, 1. März 1972, 18 Uhr). Ich sandte im September 1972 auch einen kurzen Bericht über meine Beobachtungen und Erfahrungen bei den Wohnungsuntersuchungen an die **vier zuständigen Minister**[29] – Minister für Unterricht und Kunst, Minister für Wissenschaft und Forschung, Gesundheitsminister und Sozialminister –, welche, wie erwartet, aufgeschlossen reagierten.

Am 2. Juli 1975 erhielten wir – **vier österreichische Radiästheten:** Stadtrat Hugo Wurm, Linz; Hauptschullehrer Helmut Böhm und Finanzbeamter Egon Wimmer, beide aus Attnang; und ich – **vom Ministerium für Wissenschaft und Forschung eine offizielle Einladung nach Wien**[29], um an Hand unserer Dokumentation (Film und Dias) über unsere Forschungen zu berichten. Zum Schluß hieß es, daß diese Dokumentation weiterer Schulkreisen zugänglich gemacht werden kann[48].

Am 15. September 1975 erhielt ich vom **Ministerium für Unterricht und Kunst**[49] die Erlaubnis für Gastvorträge an den Pädagogischen Akademien.

Eine besondere Anerkennung und Freude bedeutete es für mich, daß ich eingeladen wurde, beim **Kongreß der Naturheilärzte**[58] in Freudenstadt, März 1980, meinen **Vortrag** zu halten und auch am Kongreß teilzunehmen. Die Ärzte waren sehr aufgeschlossen und interessiert, sie schenkten viel Zustimmung. Eine Gruppe bat mich, ihnen eine praktische Hausuntersuchung vorzuführen, und bestätigte auch das Protokoll (N = 2812). Auch in diesem Haus ergab sich genaue Übereinstimmung: Die schwerkranken Eheleute waren auf Wasser und Curry-Kreuzung gelegen. Von den Ärzten wurde betont, daß es hoch an der Zeit sei, bei der Diagnose und Therapie nicht mehr bloß die **Befunde**, sondern auch das **Empfinden** der Patienten ernst zu nehmen. Es darf in Hinkunft nicht mehr heißen: „Die Befunde haben nichts erbracht, also ist der Patient bloß psychisch krank. Oder: Er hat bloß vegetative Dystonie!"

Am 3. August 1982 wurde ich zur „Club-2"-Diskussion über Radiästhesie (Direktübertragung im **Fernsehen**) nach Wien eingeladen. Diese Sendung brachte ein außerordentlich großes und erfreuliches Echo. Von vielen Seiten wurde mir zustimmend geschrieben: „Wenn wir die Not sehen und auch Hilfe anbieten können, dürfen wir nicht zuwarten, bis alle Wenn und Aber geklärt sind . . . Ihre Ausführungen haben mich überzeugt!"

8. Kritiken und ihre Klärung

Es handelt sich sowohl um Kritiken, die mir im persönlichen Gespräch vorgebracht wurden, als auch um solche bei den öffentlichen Diskussionen nach meinen Vorträgen.

a) Manche meinen, bei der Besserung und Heilung nach der Bettumstellung handle es sich um eine **Suggestion.** Sie mag auch mitwirken; doch dürfte sie eine eher untergeordnete Rolle spielen. Wie wäre sonst die Reaktion bei den Pflanzen und Tieren und das **Ausweichen bei den Säuglingen** zu erklären? Wohl weiß ich, daß das Vertrauen, die frohe Zuversicht, ja, alle guten Gedanken eine Heilung beschleunigen können.
Als Ergänzung und Bekräftigung des Gesagten möchte ich den Brief[52] einer jungen Mutter vom 1. 8. 1973 anführen: ,,Bevor wir Ihrem Rat, die Betten umzustellen, folgten, schlief unser damals zweieinhalbjähriger Sohn keine Nacht durch. Er lag an die Gitterstäbe des Gitterbettes gepreßt, die Arme und Beine hingen vorne heraus. In der zweiten Nacht nach der Umstellung schlief er das erste Mal durch, nach zehn Tagen gab es keine Störung in der Nachtruhe mehr. Jetzt liegt er ausgestreckt im Bett.''

Nr. 554: a) 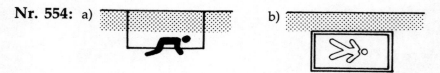 b)

Weiter schreibt sie: ,,Skeptikern gegenüber sage ich immer, daß es möglich wäre, mich selbst so zu beeinflussen, daß ich an eine Besserung glaube. Aber wie kann ich ein zweijähriges Kind derart beeinflussen, daß es auf einmal durchschläft?''

b) Ich wurde gefragt, was ich dazu sage, daß bei einer Wohnungsuntersuchung zwei Rutengänger **verschiedene Aussagen** machten. Meine Antwort war: Es gibt auch Fälle, wo zwei Ärzte verschiedene Diagnosen stellen und trotzdem lehnen wir nicht die Ärzte im allgemeinen ab. So dürfen wir auch nicht die ernst arbeitenden Rutengänger ablehnen, nur deshalb, weil es hin und wieder zu verschiedenen Aussagen kommt.

Wir müssen uns fragen: Weshalb kann es zu verschiedenen Aussagen kommen?

Es kann, wie mir ein Arzt[42], der zugleich Rutengänger ist, sagte, „in der Tücke des Objektes" liegen. Nur ein Fall: Ein Kind mit starken Halsschmerzen wird dem Arzt um 11 Uhr vorgeführt. Er schaut in den Mund des Kindes, stellt Angina fest und verordnet die entsprechenden Medikamente. Die Schmerzen aber verschwinden nicht, sondern werden ärger. Die Schwellung vergrößert sich und es bildet sich ein starker Belag. Um 16 Uhr rufen die Eltern einen Facharzt ins Haus. Dieser schaut in den Mund des Kindes und sieht den Belag und konstatiert „Diphtherie" . . . Der Belag war aber fünf Stunden vorher noch nicht vorhanden, daher hätte um 11 Uhr auch der Facharzt die Krankheit Diphtherie noch nicht erkennen können. Um 16 Uhr hätte sie sicherlich auch der Hausarzt erkannt.

Ähnlich kann es tatsächlich auch vorkommen, daß eine Wasserführung nur eine gewisse Zeit hindurch vorhanden ist, sodaß der eine Rutengänger sie feststellt und der andere ein halbes Jahr später nicht. Im Herbst sind unterirdische Wasserläufe mitunter ausgetrocknet, die zur Zeit der Schneeschmelze oder eines Hochwassers vielleicht eine Menge Wasser führen. Wasser für Brunnen soll daher grundsätzlich in der wasserarmen Herbstzeit gesucht werden. Durch ein Erdbeben oder durch eine andere Bodenerschütterung, z. B. durch eine Sprengung oder durch Erosion, kann eine unterirdische Wasserführung den Lauf auch ändern.

Natürlich will ich damit nicht sagen, daß sich nicht auch einmal ein Arzt oder auch einmal ein Rutengänger irren kann.

Hin und wieder beobachtete ich als **Fehlerquelle** das zu schnelle Gehen eines Rutengängers. Es ist wichtig, daß der Rutengänger ganz langsam und bedächtig schreitet und dabei die Rute waagrecht, gespannt hält. Sobald er spürt, daß die Rute sich zu drehen beginnt, muß er sofort stehen bleiben und warten, bis die Rute sich um 90 Grad gedreht hat, d. h. bis sie lotrecht steht. Es ist gleichgültig, ob sie abwärts oder empor zeigt. So erkennt man haarscharf den Beginn der Störzone. Erst jetzt soll der Rutengänger langsam bedächtig weiterschreiten. Dabei wird sich die Rute laufend drehen, wenn sie im Obergriff (Handrücken nach oben) gehalten wird. Am Ende der Störzone bleibt sie einfach stehen oder schlägt kurz zurück. Beim Halten im Untergriff (Handrücken nach unten) bleibt die Rute während des Schreitens über der Störzone bei den meisten Rutengängern in der Lotrechten und schlägt am Ende wieder in die Waagrechte.

Mein Buch will aber im wesentlichen kein Unterrichtsbuch für Rutengänger, sondern eine allgemeine Information sein. Rutenfähigen möchte ich für eine Ausbildung das Buch ,,Unterrichtsbriefe für Rutengänger und Pendler" von Adolf Flachenegger[12] wärmstens empfehlen. Außerdem ist auch das Buch von Pater E. Hoch ,,Strahlenfühligkeit" als Anlernbuch sehr zu empfehlen (Veritas-Verlag).

Auch gibt es immer wieder neue Erkenntnisse, nicht nur auf dem Gebiete der Medizin, sondern auch auf dem Gebiete der Radiästhesie. Daher ist es besonders wichtig, daß auch den Rutengängern die Möglichkeit für eine Fortbildung geboten wird. Manche Rutengänger haben z. B. von der verhältnismäßig jungen Forschung des Dr. med. Curry noch nichts gehört.

In vielen Ländern gibt es bereits einen Verband für Rutengänger und Pendler[44]. Der einzelne Rutengänger soll sich an ihn wenden, um dort die Möglichkeit einer Schulung und auch einer Fortbildung durch Literatur zu erfahren. Denn nicht jeder, bei dem sich die Rute dreht, ist bereits Rutengänger. Sondern es ist hiefür zusätzlich theoretisches Wissen und sehr viel praktische Erfahrung notwendig, was besonders auf dem Gebiete der verantwortungsvollen Wohnungsuntersuchung unerläßlich ist! Der Rutengänger muß auch charakterlich einwandfrei sein. Er muß in erster Linie **dienen** wollen und nicht verdienen. Noch auf eines möchte ich hinweisen: Weil jede Wohnungsuntersuchung nicht bloß zeitraubend, sondern auch kraftraubend ist, sollte man nicht aus bloßer Neugierde einen Rutengänger ins Haus bitten, sondern nur dann, wenn man auch gewillt ist, seinen Rat ehebaldigst auszuführen. Auch hier gilt so wie beim Arztbesuch der Rat des weisen Sokrates:

„Wenn einer Gesundheit sucht, befrage ihn, ob er auch bereit ist, künftighin die Ursache seiner Krankheit zu vermeiden – erst dann darfst du ihm helfen."

Ich habe genaue Übereinstimmung mit vielen erfolgreichen Rutengängern. Oftmals sagte man mir: „Auch vor vielen Jahren hat ein Rutengänger genau an dieser Stelle die Wasserader festgestellt, aber damals haben wir noch nicht genug Verständnis gehabt und deswegen seinen Rat nicht befolgt."

c) In einer öffentlichen Diskussion wurde ich einmal gefragt: „Wieso können Sie mit einer solchen **Sicherheit** behaupten, daß dort Wasser ist, wo sich Ihre Rute dreht? Es ist doch noch nicht hinuntergebohrt worden!" Ich antwortete: „Zuerst untersuchte ich nur die Wohnungen von Angehörigen und Freunden, da war ich mir noch gar nicht so sicher. Aber als dann immer und immer wieder meine Angaben und die Angaben der Leute, ihr Empfinden, ihre Leiden (Frieren, Rheuma . . .) sich genau deckten, bekam ich die Sicherheit. Außerdem kann ich sagen, daß schon ein paarmal hinuntergebohrt worden ist. Als Beweis dafür möchte ich eine Stelle aus dem Brief des Tiroler Missionsbischofs Bonifaz M a d e r s b a c h e r [53] aus Südamerika vom 29. Dezember 1973 anführen: „. . . Es kam ein Mann aus Santa Cruz mit einem elektrischen Suchgerät. Nach dessen Angaben hat man gebohrt, aber es war wenig Wasser, das da kam. Dann hat man dort gebohrt, wo Sie es angezeigt hatten, und es kam ein sehr **ergiebiger Strahl,** 4000 Liter pro Stunde. Das ist jetzt die **Rettung für San Migue-**

lito, wo sie früher in der schlimmsten Trockenzeit sich kaum mehr waschen konnten, geschweige denn, Wasser für den Garten hatten." (Anmerkung: San Miguelito ist eine Landwirtschaftsschule für Bolivianer, geleitet von österreichischen Entwicklungshelfern.)

d) Jemand meinte, er verstünde nicht, daß ich mich mit solchem „Aberglauben" befasse. Dazu möchte ich sagen:
„Ich sehe wirklich in der Wohnungsuntersuchung keine Zauberei, sondern eine Hilfeleistung am Mitmenschen, einen **Samariterdienst,** um den mich auch schon viele Priester und sogar Bischöfe gebeten haben. Als Beweis hiefür möchte ich das Untersuchungsergebnis (902) beim Missionsbischof José C. Rosenhammer in Bolivien beifügen. Dieser Bischof stammt aus Österreich und wirkt seit 40 Jahren unermüdlich und segensreich als Seelsorger, aber auch erfolgreich als „Kulturpionier" Ostboliviens. Wegen seiner sozialen Tätigkeit wurde er sowohl mit dem Goldenen Verdienstkreuz Österreichs als auch mit dem höchsten Orden Boliviens ausgezeichnet. Diese Persönlichkeit ist eine Garantie dafür, daß es sich bei meinen Wohnungsuntersuchungen nicht um etwas Verwerfliches, sondern um etwas Einwandfreies handelt.
Drei Wochen nach der Untersuchung erhielt ich noch in Bolivien, in El Chochis, einen Brief[54] dieses Missionsbischofs. Er schrieb:
„. . . Nochmals ein herzliches Vergelt's Gott für den Besuch und für alles Helfen. **Ich hätte es nie geglaubt,** daß durch eine einfache Umstellung des Bettes eine **so offensichtliche Besserung** in meinem Augenleiden hätte eintreten können. Ich merke es, daß der Zustand des rechten Auges, der seit der Operation mir immer zu schaffen machte, jeden Tag besser wird . . . Sollten Sie zufällig nach Santiago kommen, bitte untersuchen Sie die Bettstelle des P. Gottfried, der auch dort Schwierigkeiten hatte."
Ein halbes Jahr später erhielt ich wieder eine Nachricht: „. . . Es geht mir mit dem rechten Auge weiterhin gut, . . ." (Missionsbischof Rosenhammer hatte früher die Befürchtung zu erblinden.)

Ich sehe mich veranlaßt, hier noch ergänzend (ab der 5. Auflage) Wesentliches auszusagen: Sekten haben die Meinung verbreitet, daß alles, was das Bewußtsein überschreitet, „vom Bösen" sei, so auch jede Arbeit mit Rute und Pendel. Sie haben dadurch einige Verwirrung gestiftet und edle Rutengänger bedrängt. Die Lehre der offiziellen christlichen Kirchen hat eine gegenteilige Aussage. Ich habe mit einer großen Zahl katholischer und evangelischer Theologen diese Sache besprochen. Ihre übereinstimmende Aussage lautet: „Die Rute und der Pendel sind physikalische Geräte, somit neutral, wertfrei, genauso wie das Messer und das Feuer. Es stimmt, daß ein Mißbrauch dieser Geräte gefährlich werden kann. Aber in der Hand des **guten Menschen,** der Rute und Pendel nur im **Dienst der Nächstenliebe** verwendet, **ist diese Arbeit segensreich."**

Ich kenne viele katholische Priester und Ordensleute, die mit Pendel und Rute arbeiten, zur Ehre Gottes und zum Heil des Mitmenschen, im Namen des Herrn Jesus Christus, von ihm sich berufen wissend. Oft wird die Gabe des Fühlens auch als „**Charisma"** bezeichnet.

Der katholische Pfarrer Abbé Mermet[16] in der Schweiz erhielt für seine großartige radiästhetische Arbeit den Segen des Papstes. Ing. Czepl[23], ein führender österreichischer Radiästhet, wurde vor der Restaurierung des Petersdomes in den **Vatikan** eingeladen, um als Rutengänger bei einer Kommission mitzuarbeiten. Es sollten die unterirdischen Wasserläufe festgestellt werden, die das Mauerwerk des Petersdomes geschädigt hatten.

Ich besitze mehrere schriftliche Dokumente mit positiven Aussagen. Eines möchte ich hier veröffentlichen, d. h. ich will hier einige Stellen aus dem Brief eines Missionars aus Südafrika, des Benediktinerpater Kunibert R e i s i n g e r[69], der durch seine Arbeit mit der Rute schon vielen Menschen in großer Not geholfen hat, wörtlich anführen: „. . . die Arbeit mit Rute und Pendel gibt Einsicht in die schöne Welt

Gottes, in die wunderbare Schöpfung. Hier hätte ich einige Gedanken:

1. Was sagt die **Heilige Schrift?** Johannesevangelium, erstes Kapitel: ,,Alles ist durch das Wort (Christus) geworden'', d. h., alle geschaffenen Dinge mit den Naturgesetzen und deren Zusammenhänge. Wir wissen noch lange nicht alles, sondern sind immer auf der Suche, die Weisheit Gottes aus der Schöpfung mehr und mehr zu verstehen. Daß dieses Suchen nicht Überheblichkeit ist, hat Gott selbst klar ausgedrückt mit einem Auftrag: ,Macht euch die Erde untertan.''

2. Was sagt die **Kirche?** . . . In diesem Abschnitt weist Pater Reisinger genauso wie Pater E. H o c h in seinem Buch ,,Strahlenfühligkeit — Umgang mit Rute und Pendel'' (Veritas-Verlag, 1982) darauf hin, daß ein **Dekret vom 26. März 1942** vorliegt. P. Hoch schreibt: ,,Dieses Dekret brandmarkt die Radiästhesie in keiner Weise als magischen Unfug. Es verbietet auch mit keinem Wort die Erforschung und Praxis im allgemeinen . . .''

3. Weiter schreibt P. Reisinger wörtlich:
,,Ein Fall aus meiner **Praxis:** Der Besitzer einer großen modernen Bohrmaschine kommt zu mir: ,Herr Pater, könnten Sie mir bitte helfen? Da haben sich in der Nähe etwa 15 Familien angesiedelt, Schwarze, und die haben Geld gesammelt und mich gebeten, ihnen ein Loch zu bohren, damit sie Trinkwasser bekommen. Ich möchte diese Leute nicht enttäuschen. Ich möchte Sie bitten, mir zu helfen, damit ich an der richtigen Stelle bohre.' Ich begleite ihn zum Platz und suche mit der Metallrute . . .
In der Nähe ist ein Ameisenhaufen. Die Ameisen bauen nur über Wasser. Aber wer sagt ihnen, daß da unten Wasser ist? Der Schöpfer hat ihnen eine Anlage gegeben, das Wassergefühl. Warum sollte der Mensch nicht auch Wasser fühlen dürfen? Das Trinkwasser ist eine gute Gabe Gottes.

Sollte der Mensch das Wasser wirklich nur dort holen dürfen, wo es als Quelle ans Tageslicht kommt? Sollte er es nicht dort holen dürfen, wo es fließt, wenn ihm das mit den Mitteln der Technik möglich ist? Solche Mittel fußen ja auch wieder auf den Naturgesetzen, die Gott selbst in die Natur hineingelegt hat.

Letzte Woche kamen in unserer Pfarrei hier in Zululand 13 Störche an. Wer sagt den Störchen, sie sollten für ein paar Monate in den Süden fliegen? Wer sagt ihnen, wo Süden liegt? Sie fühlen es, weil ihnen der Schöpfer die Gabe des Fühlens gegeben hat.

Es gibt keine ‚Wünschelrute', d. h. es gibt keine Rute, mit der man sich etwas wünschen kann. Wenn da drunten Wasser ist, dann ist es dort, ob ich das weiß oder nicht. Und wenn kein Wasser da drunten ist, dann kann man dort auch keines finden. Ich nehme nie Rute oder Pendel in die Hand ohne ein stilles Gebet: ‚Herr, Du hast den Vögeln und Ameisen die Gabe des Fühlens gegeben, hilf, daß ich fühle, wo Wasser ist, damit diese Leute hier Trinkwasser bekommen.' Wenn da unten Wasser fließt, dann geht eine gewisse Kraft oder Störung davon aus, und der von der Seele belebte menschliche Körper, der ja selbst ein Wunderwerk der Schöpfung ist, kann Wasser fühlen. Die Rute in meiner Hand findet natürlich kein Wasser. Sie ist nur eine Hilfe, das Wasser, das der Körper fühlt, nach außen anzuzeigen . . .

Ich fand zwei kleine Strömungen sich kreuzen. Ich acht Stunden ist es dem Brunnenbohrer gelungen, 25 m tief zu bohren, wie ich ihm geraten hatte. Er machte einen Pumpversuch, zu unserer großen Freude kam genügend fließendes Wasser. Das Wasser ist eine Gottesgabe, **das Fühlen ist eine Gottes Gabe** und die technischen Mittel, das Wasser heraufzubekommen, sind doch schließlich auch eine Gottesgabe."

e) Jemand meinte, wenn manche Rutengänger, die sich die strahlungsfreien Plätze aussuchen können, keine vollkommene **Gesundheit** haben, so beweise dies, daß meine Aussagen, strahlungsfreie Plätze würden das Wohlbefinden und die Gesundheit fördern, falsch seien. Dazu möchte ich sagen: Mancher Rutengänger ist gezwungen, hauptberuflich an nicht strahlungsfreien Plätzen zu arbeiten. Außerdem können wir Rutengänger nicht „ganz strahlungsfrei" leben, sondern wir müssen uns immer wieder intensiv den Strahlungen aussetzen und gefährden dadurch unsere Gesundheit.

„Der Rutengänger ist vergleichbar einer Apothekerwaage, die Wertvollstes zu leisten vermag, aber nicht schwer belastet werden darf!" Der Radiästhet gibt bei jeder exakten und gewissenhaften Arbeit mit Pendel oder Rute, „Mutung" oder „Strahlenmessung" genannt, viel von seiner eigenen Vitalkraft ab. Daher soll niemand von ihm jeweils mehr an radiästhetischer Arbeit verlangen, als unbedingt notwendig ist. Er selbst darf aber auch seine Kraft nicht vergeuden, sondern darf sie nur maßvoll und verantwortungsbewußt einsetzen. Bei länger dauernder radiästhetischer Arbeit kann starke Verkrampfung und totale Erschöpfung eintreten. Deshalb muß er immer wieder Rastpausen einschalten, sich von der Strahlung befreien[44], und selbst Kraft schöpfen. Viele Rutengänger starben wegen Nichtbeachtung dieser Tatsachen allzufrüh!

Der Wiener Rutengänger Ing. Oberst B e i c h l[28] leistete Jahre hindurch **intensive** Arbeit durch das Aufsuchen der unterirdischen Thermen in Wien und opferte frühzeitig sein Leben der Strahlungforschung. Er starb an einem sechsfachen Krebs. Außerdem behaupte ich nicht, daß die Störzoneneinflüsse die einzigen krankmachenden Faktoren sind.

Zusammenfassend wäre noch zu sagen: Der Rutengänger muß sich unbedingt einer gesunden Lebensführung bedienen, um optimal wirken zu können. Er muß den vom Schöpfer gegebenen Naturgesetzen entsprechend leben, damit sein physikalischer Apparat – der Körper – auch absolut funktionsfähig wird. Raucher, Trinker oder solche Menschen, die sich zu üppig und ungesund ernähren, sind für radiästhische Arbeiten ungeeignet oder unverläßlich.

f) Ein Arzt[45], der nicht vorurteilsfrei war und gar nicht die Bereitschaft hatte, sich informieren zu lassen, meinte, ich müßte einmal ein großes Haus untersuchen, die Störzonen genau einzeichnen und mir erst dann vom Befinden der einzelnen Personen berichten lassen. Wenn sich dann eine Übereinstimmung von 65 Prozent ergäbe, so könnte meine Arbeit eine Bedeutung bekommen. Ich konnte ihm antworten: ,,Solche Untersuchungen habe ich bereits bei 22 großen Häusern[46] in dieser Weise durchgeführt, indem ich mir erst nachher vom Befinden der einzelnen Personen berichten ließ. Ich hatte dabei aber nicht bloß 65 Prozent, sondern fast gänzliche, ich möchte sagen **95 Prozent Übereinstimmung.** Ich kann die Beweise hiefür liefern.''

g) **Aufregung!** Manche sind der Meinung, daß man über diese Tatsachen schweigen solle, weil die Gefahr bestehe, daß sich die Leute dabei aufregen. Das ist eine verkehrte Meinung. Wir dürfen nicht vor der Gefahr den Kopf in den Sand stecken! Im Gegenteil, man muß ein kleines Übel wagen, um ein großes Übel zu verhindern oder zu beseitigen; z. B. darf ein Fenster eingeschlagen werden, um einen Gasvergifteten zu retten. Diese Gedanken vertrat der österreichische Generalanwalt W. Lotheissen, Wien, in seinem Referat bei der Tagung in Bad Ischl im Mai 1974.

h) Ein Arzt meinte, ich würde mich durch die Wohnungsuntersuchungen gegen das Ärztegesetz vergehen. Dazu möchte ich sagen: Ich kenne das Ärztegesetz genau und habe mich nie dagegen verfehlt. Ich stellte nie Krankheiten fest und gab nie ärztliche Ratschläge. Ich stellte lediglich **im Raum die schädigenden Umwelteinflüsse** fest und gab die Empfehlung, auf die strahlungsfreie oder neutrale Zone auszuweichen. Ich stenografierte wörtlich mit, was mir die Leute berichteten, und zwar als Hinweis für die Ärzte. In fast allen Fällen untersuchte ich **zuerst** mit der Rute. Es wäre wohl lächerlich, im Rat zur Bettumstellung eine Verfehlung gegen das Ärztegesetz zu sehen. Außerdem haben auch Staatsanwälte und Richter meine öffentlichen Vorträge besucht, und nicht ein einziger von ihnen hat meine Arbeit für gesetzwidrig befunden. Im Gegenteil, der Landeshauptmann[29] von Salzburg hat mir in einem Schreiben vom 16. April 1974 seine **Anerkennung** für das Bemühen, den Kranken zu helfen, ausgesprochen. Wir leben Gott sei Dank in einem freien Land, in welchem die Menschenrechte, wie Gewissensfreiheit, freie Meinungsäußerung und das Recht auf ernste Forschung garantiert sind!

Hier möchte ich den Brief des **Gendarmerie-Bezirksinspektors** in Hallein als einen Beweis anführen. (Betr. Untersuchung Nr. 849 vom 13. Juni 1972.)

Hallein, am 8. Mai 1974

Sehr verehrte Frau Fachlehrer!

Mit Freude kann ich Ihnen mitteilen, daß die von Ihnen vorgenommene Begutachtung meines Schlafzimmers in bezug auf Wasser- und sonstige Strahlen, meiner Meinung nach, einen vollen Erfolg brachte. Wie Sie wissen **laborierte ich etwa zehn Jahre lang an nervösem Herzleiden.** Dieses hatte neben dauernder **Nervosität** auch **Müdigkeit** und **Interesselosigkeit** zur Folge. Schließlich kam es auch noch zu einem **Kollaps,** sodaß die Misere vollkommen war. Mit Dankbarkeit erinnere ich mich noch daran, wie unsere Tochter von Ihnen die Nachricht mitbekam, ihr Bett könnte Strahlen ausgesetzt sein, weil sie ständig müde und nervös sei. Während meine Tochter durch Ortsveränderung völlig frei von diesen Dingen ist, haben auch meine Frau und ich, auf Grund des von Ihnen gegebenen Rates, unsere Betten umgestellt. Wie Sie mir seinerzeit versicherten, war mein Oberkörper während des Schlafes ständig im Bereich einer **Kreuzung** – Wassermagnetische Strahlen – gelegen. **Einige Monate nach Umstellung der**

68

Betten trat eine deutliche Besserung meines Zustandes ein. Ich kann heute sagen, daß ich in bezug auf das **Herz völlig beschwerdefrei** bin. Dies wollte ich Ihnen mitteilen und **bin der Meinung, daß Sie mit Ihren Forschungen auf dem richtigen Weg sind.**

Herzliche Grüße

Ihr Georg Gastager

9. Welche Beweise gibt es für die Bodeneinflüsse?

a) Es gibt **direkte** Beweise mit Apparaten. Sie wurden auf Seite 30 bereits genannt.

Einen einfachen groben **Versuch** kann jeder Laie durchführen: Er kann mit dem UKW-Apparat durch den Raum gehen und wird dabei an gewissen Stellen Geräusche vernehmen. Oder er kann mit einer tragbaren Antenne des Fernsehapparates durch den Raum gehen und wird dabei manche Bildveränderungen bemerken.

Aber bisher unübertroffen ist der begabte und erfahrene Rutengänger mit seinem feinen Nervensystem; er kann viel sicherer und genauer arbeiten als jedes Gerät. Er kann z. B. Tiefe und Menge und Qualität des Wassers bestimmen. Ich erinnere an den Bericht über die Brunnensuche in Südamerika! Schon Goethe sagte: ,,Der Mensch selbst, so er sich der gesunden Sinne bedient, ist das größte physikalische Gerät, das es gibt!''

b) Es gibt **indirekte** meßtechnische Feststellungen über die Wirkung von Bodeneinflüssen auf den Menschen, und zwar mit dem **EKG,** dem **EEG,** dem **Elektro-Akupunktur-Gerät** und aufgrund des **elektromagnetischen** Bluttests[19].

Prof. Ing. Kracmar, Wien; Prim. Dr. Beck, Bayreuth, Arzt Dr. E. Hartmann, Arzt Dr. D. Aschoff u. a. m. führten viele Untersuchungen durch, bei denen sie feststellten, daß Personen über neutralem Boden andere Meßergebnisse haben als über „gestörtem" Boden.

Auch mit mir wurde am 2. Mai 1974 folgender Versuch mit dem Elektro-Akupunkturgerät gemacht. Es wurden meine Organwerte auf strahlungsfreiem Platz gemessen und aufgeschrieben. Dann wurde ich $\frac{1}{2}$ Stunde lang dem Einfluß einer Störzonenkreuzung (Wasser- und Curry-Kreuzung) ausgesetzt und nun wurden alle Organe nochmals geprüft. Die Werte hatten sich durchwegs verschlechtert.

c) Ferner gibt es bereits mehrere **wissenschaftliche Abhandlungen.** Kurz möchte ich hinweisen auf das Buch **„Gesundheitsschädliche und bautenschädliche Einflüsse von Bodenreizen"** des Hydrogeologen Dr. Josef A. Kopp, Schweiz (Schweizer Verlagshaus-AG, Zürich). Er sagt, daß über unterirdischen Quellen und Grundwasserströmen verschiedene physikalische Anomalien auftreten, etwa die Erhöhung der elektrischen Bodenleitfähigkeit, der Luftionisation und der Infrarotstrahlen. Die näheren Erklärungen überlasse ich den Physikern.

Ich sehe es nicht als Aufgabe meines Buches an, die Abhandlungen der Wissenschafter wiederzugeben. Jeder wissenschaftlich Interessierte, der tiefer in diese Materie eindringen will, kann selbst die Werke studieren. Im Anhang gebe ich noch weitere Literaturhinweise.

Außerdem bin ich gar nicht in der Lage, die bereits geleisteten naturwissenschaftlichen Untersuchungen in ihrer Breite darzulegen, weil ich **weder Physiker noch Mediziner** bin. Rein experimentell jedoch kann ich den Beweis für die **Objektivität der „Strahlungseinflüsse"** ohne weiteres erbringen.

d) **Meine Tatsachenforschung**[2] **bei 3000 Wohnungsuntersuchungen** – die ich mit Datum und Anschrift festgehalten und mit einer Indexnumerierung versehen habe; – im weiteren noch **meine große Statistik**[46].

Bei den 3000 Wohnungs- bzw. Hausuntersuchungen konnten die Schlafstellen von **rund 11.000 Personen,** das waren aufgegliedert bei rund

      1500 Säuglingen und Kleinkindern,
      3000 Schulkindern und Jugendlichen sowie
      6500 Erwachsenen,

kritisch untersucht und die entsprechenden Zusammenhänge beobachtet werden. Von beinahe allen Untersuchungen wurden Protokolle mit Skizzen angefertigt, wo bei den Bettplätzen die dort vorhandenen Strahlungseinflüsse eingezeichnet wurden. Diese Skizzen lassen jeweils das Wesentliche klar erkennen. In mehr als 1000 Fällen wurden die Zeichnungen genau und maßstabgerecht ausgeführt.

Die Aufgabe dieses Buches sehe ich darin, diese kritisch beobachteten Tatsachen der Wissenschaft und der Öffentlichkeit, im besonderen den Ärzten und Kranken, vorzustellen.

Wenn ich in einer Unmenge von Beispielen beweisen kann, wie **Pflanzen, Tiere und Säuglinge den Störzonen ausweichen,** so ist das wohl ein nicht zu widerlegender **Beweis** für das Vorhandensein und die Wirksamkeit der Bodeneinflüsse. Denn es gibt keine Reaktion (Gegenwirkung) ohne vorherige Aktion (Wirkung)!

Die **genauen Situationszeichnungen,** die zeigen, daß die **Menschen,** zeitlich und lokal, **genau über den Störzonen** – besonders über den Kreuzungen – **erkranken,** sind ebenfalls ein kräftiger Beweis!

Die **Genesung nach der Bettumstellung** auf strahlungsfreie Plätze bei sehr vielen Menschen, bewiesen durch das vielfach **auffallend veränderte Aussehen,** durch ärztliche Bestätigungen und durch Briefe, ist der dritte Beweis.

Oft werden solche Menschen von Bekannten verwundert angesprochen: ,,Ja, wie schaust du denn jetzt gut aus! Was hast du getan?" Viele waren vorher blaß, durchscheinend, abgehärmt, müde, erschöpft, traurig, verzagt und abgemagert . . ., einige Wochen oder Monate nach der Bettumstellung hingegen frisch und munter, frohen Mutes, mit vollem Gesicht und frischen Wangen; dies, ohne daß sie sonst ihre Lebensweise geändert hatten.

71

Selbstverständlich kann ich in diesem Buch nur einige wenige Beispiele darbieten. Aber jedem Wissenschafter und jedem praktizierenden Arzt steht auf Wunsch meine gesamte Sammlung des Tatsachenmaterials zur Einsichtnahme zur Verfügung. Durch die **Indexzahl** (Nummer bei der Zeichnung links oben) kann jeder Fall sofort gefunden und kontrolliert werden. Es ist selbstverständlich, daß jede Angabe der vollen Wahrheit entspricht und auch nicht übertrieben wurde. Geändert oder abgekürzt wurden in diesem Buch lediglich in einigen Fällen die Namen. Dies geschah aus Gründen des Taktes. Ich möchte mit meinem Buch auch weitere Wissenschafter zum Studium der interessanten Phänomene der Radiästhesie anregen. Und vor allem möchte ich viele Kranke auf diese Zusammenhänge hinweisen und ihnen hiemit eine Hoffnung, einen Ausblick auf einen gangbaren Weg geben, der mit großer Wahrscheinlichkeit eine Besserung und vielleicht eine Heilung schenken kann.

Selbstverständlich führte ich sehr viele **Blindversuche** durch. Auch mehrere solche Fälle habe ich festgehalten, wo Leute, teils aus Neugierde, teils weil sie sich jetzt ohnehin gesund fühlten, später sich wieder auf den pathogenen Platz zurücklegten, dort aber bald die gleichen Beschwerden wie ehedem wahrnahmen.

Selbstverständlich bin ich bereit, solange meine Kraft reicht, jedem Arzt und jedem Wissenschafter einen Beweis meiner Aussagen zu liefern, bei einem für sie interessanten Fall, wo sie „mit der Schulmedizin am Ende sind", ihnen die Untersuchung vorzuführen.

Die Wiederholung einer Untersuchung zeigt das gleiche Ergebnis. Vor zwei Jahren untersuchte ich den Rohbau der Familie W. Ich zeichnete die Wasseradern und das Curry-Netz maßstabgerecht in den Hausplan und trug mit grüner Farbe die Empfehlung für die Bettenaufstellung ein. Heuer wurde ich gebeten, das Schlafzimmer nochmals zu untersuchen, weil die Frau ständig Schlafstörungen und Beschwerden hatte. Das Untersuchungsergebnis war genau dasselbe. Was war dann schuld? Die Frau hatte **den Rat zuwenig genau beachtet**. Das Bett stand noch 30 cm der Länge nach über Wasser- und Currystreifen.

10. Zehn fast sichere Anzeichen für das Vorhandensein pathogener Störzonen beim Schlafplatz

(Das besagt natürlich nicht, daß nicht zusätzlich noch andere Einflüsse mitwirken können):

1. Abneigung gegen das Bett und das „Zu-Bett-Gehen",
2. Stundenlanges „Nicht-Einschlafen-Können",
3. Unruhiger Schlaf . . . zerknülltes Leintuch . . . Angstträume . . . Aufschreien,
4. Ausweichen im Bett, „Aus-dem-Bett-fallen", Hocken und Wippen im Bett,
5. Flucht aus dem Bett, „Nachtwandel",
6. Frieren im Bett, Knirschen und Klappern mit den Zähnen, aber auch Nachtschweiß,
7. Müdigkeit und Abgeschlagenheit am Morgen, oft auch den ganzen Tag hindurch,
8. Appetitlosigkeit, oft sogar Erbrechen am Morgen,
9. Mißmut, Nervosität, Unbehagen und Depressionen, Weinen nach dem Erwachen,
10. Krämpfe, Herzklopfen . . . im Bett.

Ein solches Kennzeichen genügt als Hinweis, doch sind meist mehrere gleichzeitig vorhanden.

11. Nach welcher Zeit
bringt eine Bettumstellung Erfolg?

Die Bettumstellung bzw. eine Arbeitsplatzumstellung kann
a) **schlagartigen Erfolg,** bald vollständiges Wohlbefinden bringen,
wenn der Störzoneneinfluß nur in geringem Maß vorhanden war und
wenn es der einzige negative Einfluß war; weiter, wenn der Störzoneneinfluß erst kurze Zeit (nicht länger als zwei Jahre) vorhanden
war.

b) **baldigen Erfolg** nach vielleicht anfänglichen ,,**Ortswechselreak-
tionen**''.
Ich mache die Leute immer auch auf die Möglichkeit einer Reaktion
aufmerksam. Um eine ,,Umlagerungs-Krisis'' nicht zu stark werden
zu lassen, soll eine **ruhige Wetterlage** und das Abklingen akuter
Krankheiten abgewartet werden[5]!
Diese Vorsicht gilt besonders auch für Herzkranke!
Falls sehr starke Reaktionen auftreten, könnte man das Bett auch zu-
rückstellen und täglich bloß 20 cm verschieben.
Ich erfuhr aber nur selten von Erwachsenen, daß sie stärkere Reaktionen hatten, von Kindern dagegen nie!

Dr. med. E. Hartmann schreibt auf S. 40: ,,Ortswechselreaktion ist
überschießende Gegenregulation des Körpers.''
Er berichtet, daß bei Leuten, die jahrelang auf der Störzone geschlafen
haben, nach dem Verschieben des Bettes um 50 cm schon in der ersten
Nacht Reaktionen aufgetreten seien. Manche Leute seien wieder auf
den alten Schlafplatz zurückgegangen, weil auf dem neuen Schlafplatz alles noch viel schlimmer war. Weiter berichtet er, daß manche
Leute seine Warnung und die Empfehlung des Ortswechsels überhaupt mißachtet haben und erst zu spät zur Einsicht gekommen seien.

c) **nur langsame Besserung** bringen, wenn andere negative Einflüsse noch vorhanden sind oder wenn Störzoneneinflüsse viele Jahre, vielleicht zeitlebens hindurch, stark gewirkt haben, oder wenn der Mensch bereits lange Zeit hindurch sehr starke Medikamente nehmen mußte.

In diesem Fall wird wahrscheinlich der Arzt an eine Entgiftungskur denken und vielleicht an die Aufdeckung und Entfernung noch weiterer schädigender Einflüsse . . .

d) in ganz seltenen Fällen **keine merkliche Besserung** bringen, wenn eine Krankheit bereits in einem höchst fortgeschrittenen Stadium vorhanden ist. In diesem Fall muß man wahrscheinlich zufrieden sein, wenn jetzt keine Verschlechterung, so wie bisher, bemerkbar ist!

12. Haben alle Leute Nachricht gegeben über die Auswirkung der Bettumstellung?

Nein, das natürlich nicht! Ich besitze zwar sehr viele Schreiben[55], es sind bereits mehr als 900, in denen mir die Leute teils von einer schlagartigen Genesung, teils von einer langsamen, aber stetigen Besserung berichteten. Manche von ihnen berichteten sogar ausführlich auch über die Besserung anderer Familienmitglieder.

Viele geben mir mündlich Bescheid.

Manche Leute aber schreiben erst nach Jahren, wenn sie wieder meine Hilfe brauchen, sei es wegen einer neuen Wohnung, sei es, weil ein Angehöriger, eine Freundin oder ein Nachbar ständig krank ist und mich um die Untersuchung bitten lassen. Dann fügen sie meist hinzu: „Uns haben Sie ja damals sehr geholfen!"

Viele Leute versprechen, zu schreiben, schieben es aber auf die lange Bank und kommen schließlich gar nicht mehr dazu.

Einige wenige lassen sich von Gegnern der Radiästhesie oder von Unwissenden beeinflussen und meinen, daß schließlich das 11. Medikament allein geholfen habe, die Bettumstellung dagegen keine Bedeutung gehabt habe. Ob sie recht haben, würde eine Bettrückstellung an den Tag fördern.

Von vielen Leuten erfahre ich durch Zufall durch andere Personen, daß die Bettumstellung von Nutzen war, oft durch solche Personen, denen sie eine Untersuchung empfohlen haben.

Viele finden es ganz selbstverständlich, daß die Bettumstellung genützt hat und finden keine Veranlassung, Nachricht zu geben. Ein Beispiel:

Ein älterer Mann konnte immer nur wenige Stunden schlafen und hatte **zweimal Herzinfarkt** gehabt. Der Arzt bat mich um die Untersuchung der Schlafstelle. Wasser verlief unter dem ganzen Bett und ein Curry-Streifen quer oberhalb der Bettmitte! Das Bett wurde sofort strahlungsfrei gestellt. Nach fünf Monaten erkundigte ich mich nach dem Befinden. Der Mann sagte: ,,Ja, jetzt geht es mir gut. Ich habe ja auch das Bett sofort verstellt." Er tat, als ob der Erfolg das Selbstverständlichste der Welt wäre.

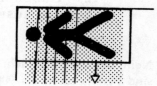

13. Genügt die Bettumstellung allein für die Heilung eines Kranken?

Nein! Wir brauchen den Arzt! Immer wieder verweise ich bei meinen Wohnungsuntersuchungen und auch bei den öffentlichen Vorträgen darauf, daß selbstverständlich die Bettumstellung allein nicht genügt, um zu genesen, sondern daß unbedingt eine ärztliche Behandlung für den Kranken notwendig ist! Aber ich habe in Hunderten von Fällen beobachtet, daß der Arzt nicht erfolgreich helfen konnte, solange der Mensch starkem Störungseinfluß ausgesetzt war. Ja, oftmals wurden von solchen Patienten viele Ärzte aufgesucht, und jeder Arzt versuchte mit vielerlei Medikamenten die Krankheit zu beseitigen.

Der gute Arzt bemüht sich nicht nur, die Krankheit zu bekämpfen, sondern die **Ursachen der Erkrankung aufzudecken und zu beseitigen.** Wenn ein Arzt in die Therapie die Entfernung von Störzonen aufnimmt, dann kann er viel rascheren und viel gründlicheren Heilerfolg erreichen. Durch einige gezielte Fragen erfährt er, ob mit größter Wahrscheinlichkeit Störzoneneinfluß vorhanden ist. Er kann dann die versuchsweise Bettumstellung oder die Untersuchung durch einen verläßlichen Rutengänger empfehlen.

14. Sind die Bodeneinflüsse von der Schulmedizin als krankheitsauslösender Faktor anerkannt?

Heute noch nicht „offiziell"! Aber es wird nicht mehr lange dauern!

Im vollbesetzten Saal in Bad Reichenhall wurde ich nach dem Vortrag, zu dem mich die Volkshochschule eingeladen hatte, von einem Zuhörer bei der Diskussion gefragt: „Warum vorenthält man uns dieses bedeutsame Wissen nun schon 40 Jahre lang? Diese Tatsachen sollten doch allen Menschen bekannt gemacht werden!" Meine Antwort war: „Sie haben vollkommen recht! Wir dürfen nicht die Kranken nochmals vierzig Jahre warten lassen, bis sich vielleicht die ‚hohen Gelehrten' über den Ursprung, die physikalische Zusammensetzung und die Wirkung dieser Strahlen einigen konnten. Aus diesem Grunde halte ich die vielen öffentlichen Vorträge!"

Die Intuition ist der Wissenschaft immer einen Schritt voraus, aber die Wissenschaft darf die gebotenen Tatsachen nicht negieren, sondern muß sie prüfen und dann zu erklären versuchen.

Eine wirklich große Freude war es für mich, als ich auf eine Einladung hin, am 11. 12. 72 vor 150 idealgesinnten jungen Mädchen, den Krankenschwesternschülerinnen im Landeskrankenhaus Salzburg, sprechen durfte.
Auch bemühe ich mich gerade deshalb **besonders, Kontakte mit den Universitätsprofessoren** aufzunehmen und sie mit den Tatsachen der Bodeneinflüsse zu konfrontieren, damit bald dieses für das Wohlbefinden der Menschen bedeutsame Gedankengut an den Universitäten gelehrt wird!

Bei Tagungen in Salzburg, in Bad Ischl (Österreich) und in Brixen (Italien) hatte ich Gelegenheit, mit führenden Wissenschaftern, vor allem mit Medizinern, zu sprechen und ihnen anhand von Dokumenten einen Kurzbericht über den Einfluß der Störzonen zu geben. Erfreulicherweise waren diese Universitätsprofessoren aufgeschlossen und zeigten Interesse. Ich erwähne diese Tatsache deshalb, weil einzelne Ärzte immer noch fürchten, sie würden gegen das Ansehen des Arztes verstoßen, wenn sie sich näher mit dieser Sache befaßten. Diese Ärzte möchte ich ermutigen, sich jetzt doch auch über diesen wichtigen Faktor zu informieren.

Eine **Fernseh-Sendung** im ,,Österreich-Bild'' vom 28. April 1977 gab in objektiver Weise einen Bericht über meine radiästhetische Forschungsarbeit in der Schule und über meine Vortragstätigkeit, diesmal in Vorarlberg. Der mutige Gestalter der Sendung, Elmar Oberhauser, interviewte zum Schluß noch **Universitätsprofessor Dr. Johann Kugler,** den fortschrittlichen Arzt an der Psychiatrischen Klinik in **München.** Dieser sagte: ,,Es gibt Zusammenhänge, die meteorolo-

gisch erwiesen sind, insofern, als gewisse **Störungen im erdmagnetischen Feld über Wasseradern krankhafte Reaktionen am Menschen
auslösen können.** Das ist absolut erwiesen und läßt sich mit psychologischen Testmethoden und Reaktionszeitmessungen **einwandfrei**
erfassen."

Bei vielen **Aussprachen mit Ärzten** habe ich erkennen gelernt, daß es
nicht immer nur Stolz, Überheblichkeit, Interesselosigkeit oder Menschenfurcht ist – wie viele meinen, – wenn Ärzte eine gewisse Zu-
rückhaltung gegenüber Rutengängern und Pendlern an den Tag
legen. Es gibt auch echte Schwierigkeiten: Sie haben an der Universität noch nichts davon gelernt, manchen erscheint die Sache zu einfach, einige sind einem Scharlatan begegnet.

In letzter Zeit aber zeigt sich doch eine **große Bereitschaft.** Auch die
Schulmediziner haben erkannt, daß nicht nur das Erbarmen, sondern
auch die Gerechtigkeit gegenüber den Kranken sie verpflichtet, mehr
als bisher nach den tieferen **Ursachen** der Erkrankung zu forschen
und diese zu suchen. Viele Schulmediziner erklären bereits – auch im
Rundfunk und Fernsehen –, daß sie es begrüßen, wenn man sie auf
Krankheitsursachen hinweist, die sie selber noch nicht erkannt haben . . . viele haben bereits begonnen, sich ernstlich mit dem Problem
der Radiästhesie auseinanderzusetzen und dieses neue Wissen in ihre
Praxis einzubauen, d. h. ihren schlafgestörten und chronisch
schwerkranken Patienten wirklich einen Schlafplatzwechsel zu empfehlen. Das wird mir auch von Lesern meines Buches immer wieder
mitgeteilt.

Einen Schritt zur Öffnung der Schulmedizin sehe ich auch darin, daß
ich in letzter Zeit zu **Ärzte-Kongressen**[43] – nicht nur zur Teilnahme,
sondern auch für Vorträge und Diskussionen – auch von Schulmedi-
zinern[59] eingeladen werde.

15. Aura, Kirlianfotografie

Der Österreicher Dr. Karl Freiherr von Reichenbach[60] erkannte, daß der Mensch auch einen sogenannten Strahlungskörper, das sogenannte Od, später „die Aura" genannt, besitzt. Er stellte seine Forschungen am **Kobenzl** in Wien an und schrieb die berühmte „Od-Lehre". Einzelne **Sensitive** können die **Aura** auch sehen.

Dem russischen Forscherehepaar Kirlian gelang es, die Aura, sie nennen sie den „**Bioplasma-Körper"**, durch Hochfrequenz für alle sichtbar zu machen und auf der Fotografie festzuhalten. Dieser Strahlungskörper umhüllt den festen, physischen, „**bioelektrischen"** Körper so wie ein Mantel von vielfarbigen Lichtern, die um den menschlichen Körper flackern, gleich einem schönen, geheimnisvollen Feuerwerk (Buch PSI S. 181). Auch Tiere und Pflanzen besitzen einen Bioplasmakörper.

Die russischen Gelehrten nehmen an, daß vom Menschen die Strahlungen mit seinem halbmateriellen Bioplasma-Körper aufgenommen und dann erst an das vegetative Nervensystem weitergegeben werden.

Auch der österreichische Arzt Dr. Heinrich Huber, Wien, sagte in seinem Referat „Die Lebensenergie des Menschen"[23] beim Kongreß in Puchberg 1975: „Im **Energiekörper** (Strahlungskörper) treten Krankheiten früher auf als im physischen Körper. Die Lebensenergie wird durch die Atmung gewährleistet, erneuert und wirkt auf unseren physischen Organismus ein."

Wodurch wird unser **bioelektrisches Kraftfeld** beeinflußt?
1. Durch natürliche Kraftfelder (Erde, Kosmos);
2. durch künstliche Kraftfelder, die durch Apparate erzeugt werden (Elektrizität, Fernsehen, Rundfunk etc.);

3. durch mitmenschliche Kraftfelder, besonders bei deren Gemüts-
bewegungen. Wohlwollen, Liebe, Freude, Zuversicht beeinflußt uns
stärkend. Unfreundlichkeit, Mißtrauen hemmt uns und erzeugt in
uns negative Abwehrstellung. Besonders Eltern und Erzieher sollten
daran denken. Menschen kann man also bei ihrer Arbeit nicht ein-
und abschalten wie Maschinen, das gilt besonders für sensible Menschen, sondern die Einstellung der anwesenden Personen spielt eine
große Rolle. Z. B. wirkt auch die Einstellung der Beobachter auf die
Arbeit der Radiästheten fördernd oder hemmend.

16. Tiefe, Menge und Fließrichtung des Wassers

Es wurde beobachtet, daß **tiefliegende Gewässer** nicht geringeren,
sondern eher stärkeren Einfluß ausüben. Ebenso wurde beobachtet,
daß die Strahlungen unvermindert auch in den höchsten Stockwerken der Hochhäuser zu spüren sind. Eine Bedeutung haben auch die
Fließrichtung, die **Menge,** das Gefälle und die Geschwindigkeit des
Wassers. Es zeigt sich, daß oft gerade die **Ränder,** auch bei unterirdischen Gewässern, stark wirksam sind, ähnlich wie bei oberirdischen
Bächen, wo gerade die Ufer durch Erosion stark angegriffen werden.
Adolf Flachenegger[12] beobachtete in seiner 50jährigen Tätigkeit in
unzähligen Fällen, daß „schiebendes" Wasser – von den Füßen zum
Kopf rinnend – Blutandrang im Kopf, Angstträume, **Schwermut** bis
zum Selbstmord, hervorrufen kann. Diese **empirisch gefundene Tat-
sache** wollte der Wissenschafter Prof. Ing. Kracmar, Wien, anfangs
nicht für möglich halten. Dann aber forschte er gerade auf diesem
Teilgebiet und fand schließlich diese Tatsache bestätigt. Beim Kongreß in Puchberg 1973 gab er ausführliche Darlegungen in seinem
Referat **„Wissenschaftliche Betrachtungen über die biologische
Wirkung des ,schiebenden' Wassers".**
Die Mappe aller Vorträge von Puchberg steht beim Radiästhetenver-
band in Wien zur Einsichtnahme zur Verfügung.

Wie Flachenegger konnte auch ich die genannte Reaktion des „schiebenden" Wassers in sehr vielen Fällen erkennen.

Weiter beobachteten wir, daß das „ziehende" Wasser – vom Kopf zu den Füßen rinnend – eine „Blutleere" im Kopf verursachen kann. Die betroffenen Menschen empfinden nach dem Erwachen eine **Benommenheit,** es wird ihnen „**schwarz vor den Augen".** Manche **torkeln** in das Bett zurück oder sinken neben dem Bett bewußtlos zusammen, dies aber nur dann, wenn außer dem stark ziehenden Wasser zusätzlich eine stark wirkende Kreuzung von Störzonen vorhanden ist. Im praktischen Teil gebe ich hiefür mehrere Beispiele.

17. Können Straßenverkehrsunfälle durch Bodenstrahlungen verursacht werden?

Ja, es liegt hierüber schon reiches Beobachtungs- und Untersuchungsmaterial in vielen Ländern vor, besonders in Österreich und in Deutschland, in den Vereinigten Staaten und in der Schweiz. Auf dieser Sparte hat außer dem Pionier Adolf F l a c h e n e g g e r besonders Ing. Egon S a r c i l l y - E r n e s , Wien, unermüdlich und erfolgreich gearbeitet. Es ist ihm gelungen, durch viele Vorträge aufzuklären und durch viele Vorsprachen bei den Behörden in Wien Verständnis zu erwecken. So bekam er die Erlaubnis, rutenfähige Gendarmeriebeamte anzulernen.

Beim Österr. Radiästheten-Kongreß in Puchberg bei Wels am 11. September 1977 berichtete der deutsche Forscher Dipl.-Ing. Robert E n d r ö s , Landshut, anhand von Lichtbildern seine neuesten, hochinteressanten Forschungsergebnisse über „**Frontalzusammenstöße durch unterirdische Störungen".** Er fand auch nähere wissenschaftliche Erklärungen für die biologische Ursache der „Blockierung des Fahrers". Alle diese berüchtigten Straßenstellen, wo sich gehäuft schwerste Verkehrsunfälle „aus unerklärlichen Gründen" ereignet hatten, waren unterirdisch stark gestört. In mehreren Ländern gibt es an solchen Straßenstellen von erhöhter Unfallgefahr bereits **Warntafeln mit Geschwindigkeitsbegrenzung.**

18. Gibt es „Entstörungen" oder „Abschirmungen"?

Klarerweise arbeiten Forscher auch bereits auf dem Gebiet der Entstörung oder Abschirmung dieser Störzoneneinflüsse. Es werden auch schon sogenannte Entstörgeräte erzeugt. Sie sind aber großteils noch sehr teuer und zeitlich nur begrenzt wirksam. Auch die Anbringung ist schwierig. Wenn sie nicht genau am richtigen Platz stehen, sind sie wirkungslos.

Chefarzt Dr. J. Issels[29] betont in seinem schon erwähnten Schreiben an die Ärzte: „Die Entstrahlung mit Geräten ist noch sehr problematisch. Wir empfehlen grundsätzlich die Umstellung der Betten oder einen Wohnungswechsel."

Auch ich empfehle immer die Umstellung der Betten, bei gutem Willen ist dies fast durchwegs möglich. Notfalls kann man an einem Bett Räder anbringen und es in der Nacht auf einen guten Platz, vielleicht in die Raummitte, rollen. Dieser Rat brachte dem Ehepaar Hangler (Nr. 1922) schlagartigen Erfolg. Es schreibt: „. . . Wir haben seither das Gefühl, als befänden wir uns auf einer **rettenden Insel** . . ."

In letzter Zeit sind Forschungen im Gange, die auf einer Energieumwandlung beruhen und dadurch das Entstörproblem günstig zu lösen scheinen. Ich kann mich aber nicht damit befassen. Ich könnte vor allem auch nicht in den Wohnungen – in allen Ländern – eine vielleicht notwendige nochmalige Überprüfung durchführen, zu welcher ein gewissenhafter Anbringer von Entstörungen bereit sein muß. Aus diesem Grunde schrieb ich auch all denen, die mich in Briefen diesbezüglich um Rat fragten, sie mögen das Schlußkapitel meines Buches nochmals genau durchlesen, die Hinweise befolgen, dann werden sie sich voraussichtlich selber helfen können, auch ohne Rutengänger und ohne Entstörung. Ich bitte alle Leser eindringlich, in Hinkunft keine solchen und ähnlichen Anfragen mehr an mich zu richten, ebenso auch mich nicht um die Testung von Abschirmungen zu ersuchen.

19. Sollen wir noch andere Umwelteinflüsse beachten?

a) Die **Umweltforscher** rufen zur Besinnung auf und leisten mit ihren Informationen große Hilfe. Solche Themen wurden auch bei den österreichischen Kongressen behandelt. Wir sollen allgemein wieder auf ein **gesundes Leben** achten, auf gesunde Ernährung[56], [57] (Vollwertkost, Vollkornbrot, **Lebens**mittel, nicht bloß Nahrungsmittel, Obst und Gemüse . . . viel natürliches Wasser trinken . . .), auf natürliche Lebensweise, auf genug Schlaf (besonders vor Mitternacht!), auf richtiges Atmen, auf viel Bewegung in frischer Luft, bei Wäsche und Kleidung auf die Naturfaser, bei den Möbeln, besonders bei Bett und Matratze, auf natürlich gewachsene und natürlich belassene Stoffe. Die meisten Menschen reagieren ungünstig auf Eisen und Kunststoff. Daher sind günstiger ein **Holz**brett mit Holzlatteneinsatz, Matratzen aus Tierhaar, Wolle, Seegras oder Baumwolle, **Holz**stuhl statt des Eisendrehstuhles.

Erwähnen möchte ich, daß ein **Stahlarmband**[43] und eine Uhr mit radioaktiven Leuchtziffern der Gesundheit des Menschen sehr abträglich sein kann.

Der elektrische Strom kann ein großer Störfaktor sein! Viele Ärzte beobachten, daß neben der Bodenstrahlung heute in steigendem Maße auch die künstliche Strahlung der Elektrizität, der Radio- und Fernsehwellen mitverantwortlich sind für schwere Schlafstörungen, Kopfschmerzen, Lebensschwäche, Depressionen bis zum Selbstmord. Manche haben das Empfinden: ,,Es ist einfach nicht mehr zum Aushalten!'' Manche können durch diesen ,,**künstlichen Streß**'' bösartig, rabiat werden, besonders dann, wenn sie zugleich auf einer Störzonenkreuzung liegen!
Es ist darauf zu achten, daß **kein Elektrogerät** (Heißwasserboiler, Nachtspeicherofen, Zählerkasten, Kühlschrank, Gefriertruhe . . .), **kein Fernseh- oder Radiogerät** in unmittelbarer Nähe eines Bettes steht, auch nicht hinter der Wand, denn sie durchstrahlen auch eine Mauer. Die Mindestentfernung muß 2 m sein! Das gilt auch für Kas-

settenrekorder, Elektro- und Batteriewecker. Nachtkastllampen und Elektrokabel sollen wenigstens 75 cm vom Körper entfernt sein. Eine Neonröhre über dem Kopf ist ebenfalls ungünstig. Ich beobachtete mehrere Fälle, wo Menschen ihr Bett so stehen hatten, daß hinter der Wand der Fernsehapparat war. „Seither" hatten sie arge Kopfschmerzen, Schlafstörungen und Depressionen, Kinder liefen „seither" ständig aus dem Bett davon. Dies gilt, auch wenn der Apparat nicht eingeschaltet ist. Wenn er in Betrieb ist, strahlt er intensiver und bis zu 6 m, auch durch die Wände! Da sollten wir an die Nachtruhe unserer lieben Mitbürger denken! Der Fernsehapparat sollte deshalb an eine Außen- oder Gangwand gestellt werden.

Univ.-Prof. Dr. Herbert L. K ö n i g, München, veröffentlichte seine langjährigen Forschungen über den Einfluß der Elektrizität auf den Menschen in seinem Buch „**Unsichtbare Umwelt**" – Der Mensch im Spielfeld elektromagnetischer Kräfte (Wetterfühligkeit, Feldstärke, Wünschelruteneffekt).

Dr. Werner K a u f m a n n, Atzbach, arbeitet schon seit vielen Jahren bahnbrechend und führend als Umweltforscher. Walter K u m p e, Umweltforscher und Baubiologe, bietet in seinem sehr lesenswerten Büchlein „Machen unsere Häuser uns krank?" (Paffrath-Druck, Remscheid) eine interessante Gesamtschau dieses Problems. Er schreibt unter anderem, daß es erste Ansätze der Besinnung gibt, indem Biologen und Techniker auf dem Gebiet der „Bionik" zusammenzuarbeiten beginnen.

b) Die **Baubiologen** zeigen ebenfalls sehr maßgebliche Umweltprobleme auf. Prof. Dr. Anton S c h n e i d e r, ein verantwortungsbewußter Forscher und Wissenschafter, hat in bahnbrechender Vorausschau das „**Institut für Baubiologie**" (D-8201 Neubeuern, Holzham 27) gegründet, welches für Architekten und Bauberater im „**Fernlehrgang Baubiologie**" eine umfassende baubiologische Ausbildung bietet. Er gibt auch die **Schriftenreihe** „**Gesundes Woh-**

nen" heraus. Diese Hefte sind interessant und wertvoll. Wer ein Haus bauen will, sollte sich lange vorher über diese Probleme gründlich informieren. Prof. Dr. A. Schneider lud mich auch zur Mitarbeit (Heft 4) ein. Seit 1980 gibt es auch ein „Österreichisches Institut für Baubiologie" (1030 Wien, Apostelgasse 39).

Prof. Dipl.-Chemiker Karl Ernst L o t z bietet mit seiner „Bau- und Wohnfibel – Willst du gesund wohnen?" in gut verständlicher Weise eine Hilfe für viele.

Architekt M. M e t t l e r und Dipl.-Baumeister H. v. G u n t e n luden mich 1979 zu radiästhetischen Gemeinschaftsarbeiten in die **Schweiz** ein. Wir hatten Übereinstimmung, auch beim Curry-Netz. Viele andere Architekten und Baumeister teilten mir mit, daß sie jetzt vor einem Hausbau den Grund untersuchen lassen, weil sie durch mein Buch von den geobiologischen Einflüssen überzeugt wurden. Sie haben aber auch erkennen gelernt, daß das gesunde, natürliche Baumaterial große Bedeutung hat, weil sich die Menschen nur in solchen Häusern wohl fühlen. Es kommt darauf an, daß unser ganzes Leben, Siedeln und Wohnen harmonisch und ganzheitlich gestaltet wird.

20. Den Alltag mit Leichtigkeit bewältigen

Eine Wienerin[61] schrieb mir nach ihrer Bettumstellung: „Besonders wird Dich freuen, wenn Du hörst, daß ich in der Früh nicht mehr wie aus einem Alptraum erwache, todmüde und mit Widerwillen gegen den ganzen Tag. Ich bin so froh, Du weißt gar nicht, wie sehr!"
Im Brief einer vielgeplagten jungen Mutter[62] ist zu lesen: „Bald nach der Bettumstellung hatte ich einen tiefen und ruhigen Schlaf und bald Wohlbefinden. Auch während der Regel habe ich keine Depressionen mehr, keine Krämpfe und keine Schmerzen. Ebenso sind die Kopfschmerzen zur Gänze verschwunden und ich konnte seit der Bettumstellung ohne Tabletten auskommen. Auch die Müdigkeit verschwand und ich kann jetzt den **Alltag mit Leichtigkeit bewältigen.**"

21. Stolz und Unentschlossenheit sind oft ein Hindernis für eine notwendige Änderung

Obwohl Herr Franz N. mich zuerst um die Wohnungsuntersuchung gebeten hatte, konnte er sich dann nur schwer zur notwendigen Änderung entschließen. Er berichtet davon in einem ausführlichen Brief, den ich zur Gänze hier wiedergeben möchte.

Salzburg, am 29. September 1974
Sehr verehrte Frau Bachler!
Entschuldigen Sie bitte, wenn ich mit einiger Verspätung zu der von Ihnen vorgeschlagenen Umstellung unseres Schlafzimmers Stellung nehme, aber die Hektik unserer Zeit einerseits und eine gewisse persönliche Trägheit nach Erreichung des vordem erhofften Erfolges andererseits, ließen – an sich unverzeihlich – die Bestätigung und Berichterstattung immer wieder aufschieben. Ich bekenne ganz offen meine Nachlässigkeit und bitte Sie nochmals um Vergebung.
Nun aber zu der von Ihnen vorgeschlagenen Umstellung. Gleich vorweg, wir beide, meine Frau und ich, sind Ihnen zu größtem Dank verpflichtet, denn **es trat fast schlagartig für uns beide eine gesundheitliche Besserung ein,** die nunmehr darin gipfelt, daß wir beide **die vordem gehabten Leiden los sind.**

Sie konnten damals nicht wissen, daß meine Frau derartige Schmerzen im Arm hatte, daß sie kaum etwas mit der linken Hand anfassen konnte und trotz ärztlicher Behandlung kaum eine Linderung zu bemerken war. Ich persönlich litt vorwiegend an Schlaflosigkeit, die mich oftmals fast an den Rand der Verzweiflung brachte. Sie werden sich sicherlich erinnern, daß wir im Schlafzimmer eine eingebaute Schrankwand hatten und auch sonst die übrige Einrichtung einen eigentlich durchdachten, festen Platz hatte. Als Sie uns damals verkündeten, daß wir unbedingt eine Umstellung nach Ihren Angaben durchführen müßten, konnte ich es mir offen gestanden gar nicht vorstellen, obzwar ich in puncto Planung nicht ganz unerfahren bin. Vielleicht war es mein Stolz, denn ich hatte in liebevoller, auch mühevoller Kleinarbeit, vor relativ kurzer Zeit die Neueinrichtung des Schlafzimmers durchdacht und entworfen. Vielleicht verstehen Sie, daß es mir wahrscheinlich deshalb so völlig unvorstellbar wurde, Ihre Anregung in die Tat umzusetzen. Selbst als wir uns verabschiedeten, war ich innerlich noch ganz und gar gegen eine derartige Umstellung. Eines jedoch klang mir im Ohr, als Sie zu meiner Frau sagten, sie könnte es über kurz oder lang mit dem Arm zu tun bekommen, wenn sie es nicht schon hätte. Da wurde ich hellhörig, denn Sie konnten es nicht wissen, daß meine Frau tatsächlich rasende Schmerzen litt, obzwar gerade zum Zeitpunkt Ihrer Anwesenheit keinerlei augenscheinliche Anzeichen für Sie vorhanden waren und wir es auch mit keinem Wort Ihnen gegenüber erwähnt hatten.

Noch am gleichen Abend begannen wir mit der Überlegung und ich holte die noch vorhandenen Einrichtungspläne hervor. Maßstabgerecht begannen wir neuerdings, diesmal jedoch unter Bedachtnahme auf Ihre Vorschläge, das Schlafzimmer auf dem Papier umzustellen und siehe da, so absurd war auf einmal die ganze Sache nicht mehr. Sicherlich waren einige Veränderungen wie z. B. neue Steckdosen etc. notwendig, aber dies lag durchaus im Bereich des Durchführbaren. So entschlossen, begaben wir uns in den nächsten Tagen an die Arbeit und mit einigen Kunstgriffen war mehr oder minder im Handumdrehen alles erledigt.

Nach der ersten Nacht nach der Umstellung schlief ich bereits wieder mal ordentlich, dem ich jedoch nicht sofort die volle Auswirkung zuschrieb, sondern mehr dem Zufall, der Übermüdung und sonst möglichen Umständen. Als sich dies jedoch wiederholte, glaubte ich immer mehr an den Erfolg der Umstellung. Heute bin ich davon voll und ganz überzeugt, denn vordem konnte ich nächtelang keinen Schlaf finden und das ist heute, man kann sagen, gänzlich vorbei. Auch bei meiner Frau fiel mir erst nach einiger Zeit auf, daß sie nicht mehr vor lauter Schmerzen ihren Arm mit der anderen Hand festhielt, und auf meine diesbezügliche Frage bemerkte sie es selbst erst. Heute ist es ihr voll bewußt und die Schmerzen sind endgültig weg.

So sind wir Ihnen, sehr verehrte Frau Bachler, zu größtem Dank verpflichtet, denn ohne Sie wären wir niemals auf den Gedanken gekommen. Anbei finden Sie die ursprüngliche und derzeitige Wohnsituation in der Skizze. Sollte es Ihnen Ihre Zeit erlauben, würden wir uns sehr freuen, Ihnen den neugestalteten Raum in natura vorstellen zu dürfen.

Mit den besten Grüßen und in Dankbarkeit Ihre Familie N.

Nr. 1407:

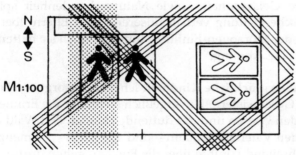

22. „Das ist unfaßbar!"

So sagen manche Menschen bei der Enthüllung dieser Tatsachen. Ja, ich habe wirklich das Gefühl, daß sie es „nicht fassen können", gerade deshalb, **weil diese Wahrheit so einfach ist!** Sie haben sich ein komplizierteres Denkgebäude aufgestellt, welches nun einzustürzen droht . . .

Dabei muß ich an die Worte eines Weisen denken, der sagte: „Wer nie eine Meinung zurücknimmt, liebt sich selbst mehr als die Wahrheit." Der Dichter Matthias Claudius drückt diese Gedanken in seinem vielgesungenen Abendlied mit folgenden Worten aus:

> „Seht ihr den Mond dort stehen?
> Er ist nur halb zu sehen
> und ist doch rund und schön!
> So sind gar manche Sachen,
> die wir getrost belachen,
> weil unsere Augen sie nicht sehn."

Bei diesem Lied erinnere ich mich an unseren guten Vater. Auch er sang uns viele frohe Lieder, die solch tiefe Gläubigkeit, humorvolle und heitere Gelassenheit, sowie Naturverbundenheit spiegelten. Diese seelische Haltung verhalf unseren guten Eltern über die Beschwerden der Störzonen-Einflüsse hinweg. Auch sie hatten von ihnen noch keine Ahnung.

Ich erlebte eine **glückliche Kindheit.** Ich war umsorgt von liebenden Eltern und Geschwistern. Unvergeßlich bleibt mir die Erinnerung an die blühenden Wiesen und das duftende Heu, an den Wald und den Acker, an den Vater als Sämann – und wie ich als „Samengeherin" langsam schreitend vor ihm über die Furchen gehen durfte, um ihm zu zeigen, wie weit der Same zu streuen sei –, an das reife Korn, an den Sonnenschein und den funkelnden Sternenhimmel, an das Vogelgezwitscher und an den klaren Bach, an die Berge und die ziehenden Wolken . . .

Nur eines trübte das kindliche Glück: Die oftmalige Erkrankung unserer guten Mutter! Heute weiß ich, daß diese durch eine Störzonenkreuzung verursacht war! Ich entsinne mich, wie ich als Vierjährige großes Erbarmen mit unserer guten Mutter empfand, weil sie oft – bald schon, nachdem sie sich ins Bett gelegt hatte – jammerte: „Jetzt ist mir schon wieder der Krampf in die Füße gekommen!" In der Nacht lag sie oft stundenlang wach und stöhnte. Mitunter flüchtete sie auch für Stunden aus dem Bett. In den ersten Ehejahren war sie monatelang sterbenskrank und mußte ins Spital. Schließlich fand der Körper den Ausgleich und holte sich die Lebenskraft, die er nicht durch einen gesunden Schlaf erhielt, doch einigermaßen am Tag, und zwar durch viel körperliche Arbeit an der frischen Luft. Vor allem aber holte die Mutter sich die Kraft in ihrer tiefen Gläubigkeit durch das vertrauensvolle Gebet. Sie war eine große Dulderin. Aus Liebe zu uns Kindern und sich verantwortlich wissend vor Gott, hielt sie fünfzig Jahre lang in Treue durch. Dabei erging es ihr ebenso wie vielen Vollsensiblen, daß sie oft von anderen – auch mitunter von uns Kindern – nicht verstanden wurde, wenn sie anscheinend „ohne Ursache", oft schon zwei Tage vor einem Wettersturz Nervosität, Mißbefinden und Schmerzen verspürte. Gottlob war unser Vater gut zu ihr.

Auch die Krankheit von Geschwistern und meine eigene trübten das Glück. Hiefür waren ebenfalls Störzonen die tiefere Ursache. Ich hatte als Kind viel unter Bauchschmerzen, Übelkeit und Erbrechen zu leiden. Ich hatte mich damit abgefunden und ertrug das mit einer gewissen Selbstverständlichkeit. Heute weiß ich, daß ich mit einem organischen Gallengangdefekt zur Welt kam und daß dieser Defekt eine unerkannte Ursache meines Leidens war. Sicher trägt dieser Defekt neben der angeborenen Sensibilität auch dazu bei, daß ich so besonders „strahlenfühlig" bin. Verkrampfungen über Störzonen lösen bei mir häufig das chronische Galle-, Leber- und Darmleiden aus.

Dreimal war ich deshalb schon in Lebensgefahr: Einmal als Kleinkind, dann mit 36 Jahren, als ich sieben Jahre lang über einer Curry-Kreuzung und Wasser gelegen war, und schließlich vor einigen Jahren, nachdem ich binnen kurzer Zeit mehr als tausend Wohnungsuntersuchungen hinter mich gebracht hatte. Mein Lebensretter war in jener Lage der Arzt Herr DDr. Lothar R. v. Kolitscher, wofür ich ihm stets dankbar bin. Es fiel mir schwer, die flehenden Kranken abweisen zu müssen. Ein Trost war mir die inzwischen gewonnene Erkenntnis, daß auch eine Bettumstellung „auf gut Glück" helfen könne. Ich durfte länger als ein Jahr nicht mehr praktisch mit der Rute arbeiten.

Schließlich erkannte ich, daß mein Hauptauftrag darin bestünde, dieses Wissen um die Störzoneneinflüsse, welches ich durch die praktische Arbeit als Rutengängerin gewonnen hatte, weiterzugeben, sowohl durch Vorträge und Informationsgespräche als auch durch das Buch; und daß ich die praktische Arbeit nur mehr mit Maß und Ziel durchführen dürfe. Seitdem ich über diese Zusammenhänge näher Bescheid weiß und seitdem ich vor allem die Störzonen in meiner Wohnung meiden kann, fühle ich mich viel gesünder und wohler. Selbstverständlich bemühe ich mich auch sonst um eine harmonische, gesunde Lebensweise . . .

In jedem Land, in jeder Stadt, in jedem Dorf liegen die chronisch Kranken über Störzonen! Viele aus Unwissenheit, manche aus Stolz, weil sie dieses uralte menschliche Wissen als „Unsinn" abgetan haben.
Hier kommt mir die letzte Strophe des „Abendliedes" in den Sinn, bei der uns der Dichter folgende Worte in den Mund legt:

> „So legt euch denn ihr Brüder
> in Gottes Namen nieder,
> kalt weht der Abendhauch.
> Verschon uns, Gott, mit Strafen,
> (verzeih uns unseren Hochmut)
> und laß uns ruhig schlafen
> und unsern kranken Nachbarn auch!"

. . . Wir Rutengänger sind dankbar für die Berufung, dabei **„Handlanger"** sein zu dürfen.

Schulversagen als mögliche Folge geopathischer Störzonen im Elternhaus und in der Schule

1. Referat „Störzonen im Schulbetrieb"

Es ist wohl selbstverständlich, daß Schulkinder, deren nächtlicher Schlaf durch Strahlungseinflüsse gestört ist, müde, teilnahmslos und ohne Konzentration in der Schule sitzen und so den Anschein erwekken, als ob sie faul wären, und daß sie häufig auch schlechte Schulleistungen haben.

Die besonders Ängstlichen, die Langsamsten und ständig Müden, die vermeintlich „Faulen" und die Vergeßlichsten, die vermeintlichen „Schulschwänzer", die Unruhigsten und Schwierigsten in meinen Klassen waren störzonengeschädigte Kinder.
Sobald ich die Zusammenhänge klar erkannt hatte, empfand ich es geradezu als Verpflichtung, bei den Schulkindern die Ursache des Versagens aufzudecken und ihnen durch die Beseitigung dieser Einflüsse zu besseren Schulleistungen zu verhelfen. Als Lehrerin hatte ich dazu auch reichlich Gelegenheit.

In **einem Referat „Störzonen im Schulbetrieb"** beim Österreichischen Radiästheten-Kongreß 1973[6] in Puchberg bei Wels berichtete ich bereits Näheres über dieses Spezialgebiet und brachte auch praktische Beispiele anhand von Dias.
Meine Ausführungen in diesem Buche über das Schulversagen möchte ich mit einem Erlebnis beginnen.

2. Ursula, das Sorgenkind der Eltern und der Lehrer

Vor vielen Jahren war sie meine Schülerin. Die intelligenten Eltern konnten es nicht fassen und sich nicht erklären, warum dieses Kind ganz anders war als seine Geschwister, immer mißmutig und schwierig zu erziehen, und warum es trotz Intelligenz in der Schule versagte. Ursula war unaufmerksam, störend, widerspenstig, streitsüchtig und sehr leistungsschwach.

Später kam Ursula von daheim fort und fühlte sich bald wohler, bekam Selbstbewußtsein und hatte Erfolg. Jetzt hat sie ein sonniges Wesen, ist hilfsbereit und tüchtig im Beruf. Sie wird geachtet und geschätzt von ihrer ganzen Umgebung.

Vor ein paar Jahren baten mich Ursulas Eltern um die Wohnungsuntersuchung. In einem Zimmer stellte ich eine Curry-Kreuzung über einer Wasserader fest. Wie aus einem Munde sagten die Eltern: ,,Genau hier stand das Bett unserer Ursula während der ganzen Hauptschulzeit! . . .'' Wir waren zutiefst erschüttert und es tat uns leid, daß wir nicht damals schon die wahre Ursache der Schwierigkeiten erkannt hatten. Wir hatten gemeint, es handle sich um Faulheit und Nachlässigkeit, um Charakterschwäche, um eine persönliche Schuld. Indessen hatten Nacht für Nacht störende Einflüsse die Kraft des Kindes zermürbt! Ich erfuhr nun auch, Ursula habe in jenen Jahren jede Nacht unter fürchterlichen Angstträumen gelitten, sich im Bett hin- und hergeworfen und am ganzen Körper zerkratzt. Kein Wunder, wenn sie dann am Morgen und oft den ganzen Tag hindurch müde und mißmutig war! . . . Wir sprachen später mit Ursula über die ganze Angelegenheit.

Manche Menschen werden vielleicht jetzt an ihre eigene Kindheit zurückdenken und sich erinnern, daß es ihnen ähnlich wie Ursula ergangen ist. Sie mögen bedenken, daß ihre Eltern und Lehrer nicht allwissend waren und daß sie es bedauern, daß ihnen damals die tieferen Ursachen und Zusammenhänge noch verborgen waren und daß sie deshalb nach dem äußeren Erscheinungsbild urteilen mußten. Im Grunde genommen haben sicher die Eltern und die Lehrer das Beste für sie gewollt. Sie mögen außerdem bedenken, daß ihre Eltern und Lehrer – vielleicht genauso wie sie – durch Strahlungseinflüsse am Rande ihrer Kräfte waren . . . Bei mir war dies jedenfalls Jahre hindurch der Fall. Damals hatte ich keine Ahnung von all dem, was ich jetzt weiß. Jetzt wenigstens kann ich mit meinen Erfahrungen sehr vielen Menschen helfen, auch sehr vielen Schülern. Darüber bin ich sehr glücklich und dankbar.

Die Zeit vor dem Schulalter

Ich kann nicht umhin, auch diese Zeit miteinzubeziehen, weil wir wissen, daß das Lernversagen oftmals durch eine frühkindliche Schädigung verursacht wird.

1. **Im Mutterschoß** beginnt bereits der Einfluß der Störzonen auf den Menschen. Dort kann durch Verkrampfung und Erkrankung der Mutter indirekt, aber auch durch die Bestrahlung direkt, eine Mißbildung, ein organischer Defekt im kindlichen Organismus entstehen, eine Schwächung oder Vergiftung folgen. Ich beobachtete sehr viele solche Fälle. Sehr häufig ist dieser Störzoneneinfluß mit seinen Folgen auch eine bisher noch zuwenig erkannte Ursache für **Fehlgeburten** und **Frühgeburten**. Ich verweise auf das praktische Beispiel Nr. 610.

2. Welche Folgen eine **schwere Geburt** für die spätere Entwicklung eines Kindes haben kann, ist heute schon allgemein bekannt. Daß die Verkrampfung der Mutter die Ursache solch schwerer Geburten mit möglicher Gehirnschädigung des Kindes sein kann, ist ebenfalls bekannt. Weiter ist erwiesen, daß solche **Gehirnschädigung,** die oft für Eltern gar nicht erkennbar ist, in der Folge zu Lernbehinderung führen kann. Bisher kaum bekannt ist aber die Tatsache, daß bei sensiblen Frauen das Liegen über einer Störzonenkreuzung während der Entbindung zu Verkrampfungen, ja sogar zu schwersten Krämpfen führen kann. Somit kann der Störzoneneinfluß auch in dieser Hinsicht die tiefere Ursache des Übels sein!
Demnach sollte besonders darauf geachtet werden, daß eine Mutter zur Zeit der Schwangerschaft und der Entbindung einen ,,strahlungsfreien'' Platz bekommt.

3. Daß **Säuglinge und Kleinkinder** den schädlichen Strahlungseinflüssen instinktmäßig ausweichen, daß sie vor ihnen flüchten, habe ich bereits im I. Teil, Kapitel 3, ,,Wie reagieren Menschen auf unterirdisches Wasser?'', näher angeführt. Ebenso erwähnte ich dort bereits

die Tatsache, daß Säuglinge und Kleinkinder, die nicht ausweichen können und trotz ihres Weinens und Schreiens im Bett bleiben müssen, **schwere Schädigungen** erfahren können. Ich habe als Beleg hiefür ein Beobachtungsmaterial über 1500 Säuglinge und Kleinkinder zur Verfügung. 15 Beispiele davon sind in den praktischen Teil aufgenommen. Es liegt auf der Hand, daß solche durch Störzonen hervorgerufene Schäden, wie Entwicklungshemmung, Stottern, Weinkrämpfe, schwere Erkrankungen, z. B. Gehirnhautentzündung, Fraisen oder sogar Bewußtlosigkeit in der frühen Kindheit eine normale **Entwicklung des Intellekts behindern** können und dadurch oft die **tiefere Ursache für späteres Schulversagen** sind. Bereits bei Bestimmung der Schulreife kann sich eine nachteilige Wirkung zeigen.

Das Schulalter

Die kritischen Beobachtungen auf diesem Spezialgebiet der Radiästhesie stützen sich auf Wohnungsuntersuchungen bei **3000 Schülern und Studierenden.** Damit Eltern und Lehrer sich selbst überzeugen können von der Wirkung des Störzoneneinflusses auf die Schulkinder, bringe ich hier besonders viele praktische Beispiele, und zwar 40 Tatsachenfälle.

Der **Schulerfolg** hängt von vielen Faktoren ab: Von der Begabung, vom körperlichen und seelischen Wohlbefinden, von der charakterlichen Erziehung, im besonderen vom Fleiß, von der vorhandenen Ruhe u. s. f.

Das **Schulversagen** hängt natürlich genauso von **vielen Faktoren** ab, aber die **tiefere Ursache ist sehr häufig durch den Störzoneneinfluß gegeben.** Das wurde bisher nicht oder zuwenig erkannt.

Ein intelligentes Kind ist normalerweise wißbegierig und lernfreudig. Wenn es trotzdem in der Schule versagt, wundern sich Eltern und Lehrer und finden es oft „unerklärlich".

1. Die **Reaktion** auf den Störzoneneinfluß ist ganz verschieden in ihrer Art und Stärke, je nach Art und Veranlagung,
je nachdem, ob es sich um Robuste oder Sensible handelt,
je nachdem, ob es sich um noch Gesunde oder bereits Kranke handelt,
je nach der Art des Einflusses,
je nach der Dauer des Einflusses,
je nach der Wetterlage,
je nachdem, ob dieser Störzoneneinfluß allein vorhanden ist oder ob viele andere ungünstige Faktoren dazukommen.

Wasser allein bewirkt meist Müdigkeit, Schläfrigkeit; Curry-Kreuzung dagegen bewirkt meist Unruhe und Nervosität. Es ist auch verschieden, ob ein Kind auf **einem** Platz – beim Bettplatz oder beim Lernplatz zu Hause oder beim Schulplatz – oder ob es sogar auf zwei oder drei Plätzen einer Kreuzung von Störzonen ausgesetzt ist! Im ersten Fall wird wahrscheinlich die Schulleistung nicht dem Grad der Begabung des Schülers entsprechen; im letzten Fall wird ein solches Kind schon in kurzer Zeit schwerste gesundheitliche Schäden erleiden und mit großer Wahrscheinlichkeit auch gänzliches Schulversagen haben.

2. **Das Bett des Schülers** stand in folgenden Fällen unter starkem Störzoneneinfluß: Es waren dies:

a) Die besonders **Ängstlichen** (Nr. 658, 984), die Zittrigen und Nervösen, die Mutlosen und Verzagten, die Gehemmten, die kein Selbstbewußtsein hatten und schnell weinten. Manche von ihnen erwachten am Morgen schon mit Angst und Grauen vor dem Schultag.

b) Die **Langsamsten** (Nr. 265), die Schwächsten, die ,,ewigen Trödler", die ständig **Müden.** Kein Wunder! Sie konnten ja am Abend stundenlang nicht einschlafen und hatten einen gestörten nächtlichen Schlaf! Sie konnten beim Frühstück nichts essen, weil sie völlig appetitlos waren und oft sogar erbrechen mußten. Manche von ihnen wurden von der Natur gezwungen, den versäumten nächtlichen Schlaf in der Schule nachzuholen.

c) Die vermeintlich **Faulen** (Nr. 153), weil sie teilnahmslos in der Klasse saßen und weil sie oft **keine Hausaufgaben** brachten. Der tiefere, zuwenig erkannte Grund aber war ihre ständig große Müdigkeit und Kraftlosigkeit, ihre Konzentrationsschwäche. Deshalb wurden sie dann mit keiner Arbeit fertig. Manche griffen in ihrer Konfliktsituation aus Angst vor Strafe zu Notlügen. Viele gerade dieser Schüler waren die oftmaligen ,,Nachsitzer''. Manche von ihnen bekamen in Fleiß 3!

d) Die **Vergeßlichsten** (Nr. 251). Die Vergeßlichkeit wurde ihnen meist als Charakterschwäche angerechnet. Durch Tadel, Drohung und Strafe wollten Lehrer und Eltern ,,dem Gedächtnis nachhelfen'', meist ohne Erfolg! Es handelte sich ja um einen tatsächlichen **Mangel an Denk- und Merkfähigkeit** als Folge des Störzoneneinflusses. Weil aber die Kinder von dieser tieferen Ursache natürlich genau sowenig eine Ahnung hatten wie ihre Eltern und Lehrer, glaubten sie mit der Zeit selbst, daß sie faul und nachlässig seien und Strafe verdienten. Sie hatten ständig Schuldgefühle. Sie nahmen sich ernstlich eine Besserung vor und versprachen sie, hatten aber nie die Kraft dazu. Wieviel Leid erleben manche Menschen schon in ihrer Kindheit und Jugend!

e) Die vermeintlichen ,,**Schulschwänzer''** (Nr. 162). Manche Schüler, die sich lange Zeit hindurch in dieser anscheinend ausweglosen Situation von Müdigkeit, Versagen und Strafe befanden, wollten schließlich aus diesem Teufelskreis ausbrechen und blieben mit einer Ausrede der Schule fern. Sie konnten einfach die Arbeit nicht mehr bewältigen. Sie hatten bereits zuviele Lernlücken, konnten dem Unterricht nicht mehr folgen und kapitulierten. Viele aber wurden zu Unrecht als ,,Schulschwänzer'' bezeichnet. Sie waren tatsächlich nach dem nächtlichen Kampf am Morgen derart geschwächt (Schwindel, Herzbeklemmung, Übelkeit, Erbrechen . . .), daß sie unfähig zum Schulbesuch waren.

f) Die **Unruhigsten** und **Schwierigsten.** Viele von ihnen waren mißmutig, unverträglich, frech, streitsüchtig, boshaft, asozial. Von den Mitschülern wurden sie gehänselt und schließlich gemieden. Von den Lehrern erhielten sie Strafen, die sie oft als unverdient empfanden. In diesem Zusammenhang sei es mir erlaubt, ein paar erziehliche Gedanken einzufügen. Zynismus und Spott sind immer lieblos, und wie der bekannte Heilpädagoge Univ.-Prof. Dr. Franz Wurst[50] sagt, ,,die ärgsten Feinde in der Erziehung!" Eltern und Erzieher dürfen diese Mittel nicht nur selbst nicht verwenden, sondern sie auch bei den Kindern untereinander nicht dulden. Sie sollen Verständnis wecken und versuchen, den Grund des Übels zu klären und zu beheben. Sie sollen helfen und auch die Kinder zur Hilfsbereitschaft erziehen.

Tausend Nadelstiche sind ärger als ein Faustschlag! Manche Menschen sind durch ständige Stichelei, durch ständige Kränkung auch körperlich krank geworden! Seele und Körper sind eng verbunden. Schon bei Kindern gibt es oft seelische Verkrampfung und Verhärtung, die gelöst werden muß. Immer mehr erkenne ich, wie sehr die weise Pädagogin Frau Marga Müller[63], München, recht hat, wenn sie sagt, daß das Einüben der **mitmenschlichen Grundbeziehungen,** das Anerkennen und Loben, das Bitten und Danken, das Erkennen und Eingestehen der Schuld, die Bitte um Verzeihung und die Wiedergutmachung – eine sehr große Bedeutung habe. Sie seien notwendig sowohl für ein glückliches Zusammenleben der Menschen in der Familie als auch für ein friedliches Zusammenleben in der Schule, in der Gemeinde, im Staat, ebenso der Völker untereinander. Sie seien notwendig als Grundlage der Beziehung des Menschen zu Gott.
Mit großer Verehrung und Dankbarkeit gedenke ich hier meiner eigenen Eltern, Lehrer und Erzieher, die mich diese menschlichen Grundbeziehungen gelehrt haben.

Auch die Erziehung zu **Mut und Tapferkeit** kann nicht früh genug einsetzen! Denn **Menschenfurcht,** die Furcht vor Spott und Gelächter, **ist das größte Hindernis des Guten!** Auch im Leben des Erwachsenen. Dabei kann ein **Leitwort** oft echte Hilfe sein. Ich denke an die **Worte Don Boscos,** eines großen Wohltäters der Menschheit. Er, der Tausenden von Jugendlichen Helfer sein durfte, stellte sein Leben unter den einen Satz:

**„Das Beste,
was wir auf dieser Welt tun können, ist:
Gutes tun, fröhlich sein
und die Spatzen pfeifen lassen!"**

Alle wissen wir, daß die größte Macht in der Erziehung die Liebe ist;
die Liebe, die wir erfahren, und die Liebe, die wir schenken. Julius
Langbehn drückt dies in den tiefen Worten aus:

**„Früchte reifen an der Sonne,
Menschen reifen durch die Liebe!"**

Auch folgender Sinnspruch vermag besonders einem Jugendlichen
zu helfen, sich vom kindlichen Egoismus zu lösen und zum Mitmenschen hin zu öffnen:

**„Dazu bist Du auf der Welt,
daß es durch Dich heller werde!"**

Vielleicht kann ein oder der andere Gedanke einem jungen Lehrer
eine bescheidene Anregung für die Praxis bieten. Ich möchte diese
Einschaltung ganz bewußt vollziehen, um zu zeigen, daß der Vorwurf, ich würde meinen, daß einzig und allein die Ausschaltung der
Störzonen wichtig sei, mich zu Unrecht trifft. Ich weiß wohl, daß außer der Ausschaltung der Störzoneneinflüsse auch eine wertgerich-
tete Erziehung dem Kinde zu einem besseren Lernerfolg und zu einem glücklicheren Leben verhelfen kann. Dies gilt sowohl für die
Schulzeit als auch für später.

Wenn die Kinder mich baten, ihnen ins Poesie-Album zu schreiben, so erledigte ich dies nicht als lästige Pflicht, sondern schrieb ihnen gerne einen Sinnspruch oder ein Gedicht als Leitwort fürs Leben ein. Dabei dachte ich jeweils mit besonderem Wohlwollen an das betreffende Kind. Ich selbst bin von der Kraft der positiven Gedanken überzeugt. Jeder gute Gedanke, jede gute Tat, sind wie ein Stein, den man in einen Teich wirft. Dieser erzeugt Wellen noch und noch! (Leider verhält es sich ähnlich auch mit den unguten und bösen Gedanken und Worten.) Auch davon sollen die Kinder bereits erfahren. Besonders oft schrieb ich folgendes Gedicht ins Poesie-Album:

> **Gut will ich sein und viele glücklich machen,**
> **will wandeln Leid in Freud und Lachen.**
> **Laß mich Sonnenschein vielen Menschen sein,**
> **daß ein Segen walte, wo ich geh' und schalte.**

Nach Jahren erzählten mir so manche, daß sie oft noch dieses Gedicht lesen. Das Poesie-Album hat gerade in der heutigen, stark verstandesmäßig ausgerichteten Zeit zur Weckung und Bildung von Gemütswerten seine Berechtigung.

Auch die Festzeiten sowie die Geburts- und Namenstage der Schüler bieten eine Möglichkeit, Freude in die Schulstube zu bringen und die Klassengemeinschaft enger zu schmieden. Gerade schüchterne und sensible Kinder brauchen viel Anerkennung, Aufmunterung und Ansporn, was zur Stärkung ihrer Selbstwert-Gefühle beiträgt. Wichtig ist es besonders für solche Kinder, daß sie auch einmal im Mittelpunkt stehen dürfen. Das geschieht, wenn am Morgen ihr Platz mit ein paar Blumen und einer Spruchkarte geschmückt wird und ihnen in herzlicher Weise gratuliert wird. Dies kann geschehen durch ein paar persönliche Worte des Lehrers, durch frei geformte Worte beim Schulgebet, durch einen Spruch und durch ein Lied, welches sich das Festtagskind wünschen darf. Gerade solche Lieder können ein gutes

„Klassenklima" schaffen. Der Verlust dieser wenigen Minuten, die dazu verwendet werden, wird zehnmal wettgemacht durch nachfolgend besonders großen, lustbetonten Lerneifer.

Wir Eltern, Lehrer und Erzieher dürfen aber nicht in den Fehler verfallen, die Kinder, besonders die Jugendlichen, durch Erpressung zum Guten zwingen zu wollen (auch nicht die erwachsenen Mitmenschen!), sondern wir dürfen sie nur dazu einladen, sie dazu aufmuntern. Vor allem aber müssen wir ihnen die größeren Motive aufzeigen und ihnen mit schlichter Selbstverständlichkeit vorangehen.

Ein guter Erzieher drückte diese Haltung mit den Worten aus:

„Der gute Hirt geht nicht, mit dem Stock antreibend, hinten nach, sondern er geht lockend voran."

Wir dürfen auch nicht alle Kinder „über den gleichen Leisten schlagen wollen". Wir müssen jedes Kind in seiner Eigenart, mit seinen Anlagen, in seiner Umgebung sehen. Nur in diesem ihm gesteckten Rahmen kann das Kind das Bestmögliche anstreben und erreichen. Wenn die Kinder das „Angenommen-Werden" spüren, das Wohlwollen und die Liebe des Erziehers, dann haben sie auch Verständnis, wenn sie mitunter auch Grenzen erleben müssen, und wenn Verzichte sich als notwendig erweisen.

Der Erziehung zur Wahrhaftigkeit und Güte kann folgender Sinnspruch dienen:

„Alles, was wir sagen, muß wahr sein,
        aber nicht alles, was wahr ist, dürfen wir sagen . . ."

Eine notwendige Rücksichtnahme kann uns auch zum Schweigen zwingen.

Vor allem muß eine Grundhaltung des Vertrauens vorhanden sein, damit die Wahrheit auch angenommen werden kann.

g) Die „ständig" kranken Schüler, die deshalb so viele Schulversäumnisse hatten (Nr. 264).

3. Weitere Folgen:

a) **Wiederholung der Klasse** (Nr. 1430),

b) **Versetzung in den II. Klassenzug** (Nr. 153).
Ich habe beobachtet, daß mehr als die Hälfte der Schüler, die den II. Klassenzug der Hauptschule besuchen, nicht mangels Begabung, sondern wegen mangelhafter Gesundheit oder wegen vorhandener Milieuschäden dazu gezwungen sind. In beiden Fällen habe ich als tiefere Ursache die Schädigung durch Störzonen bei den Kindern, mitunter bei den Eltern, beobachtet. Selbstverständlich kann auch ein anderer Faktor die Hauptursache darstellen, wenn z. B. ein Kind deswegen zuwenig Schlaf hat und nervlich geschädigt ist, weil es täglich, besonders abends, stundenlang vor dem Fernsehapparat sitzt.

c) **Versetzung in die Sonderschule:** Gehirngeschädigte, ebenso Epileptiker, reagieren in besonders hohem Maße empfindsam auf Störzoneneinflüsse. Umso nötiger brauchen sie einen guten Bett- und Arbeitsplatz – sowohl während der Schulzeit als auch später im Beruf –, um Optimales erreichen zu können und der Auslösung von Anfällen vorzubeugen.
Bei allen epileptischen und epilepsieähnlichen Anfällen, das war bei 15 Personen, beobachtete ich das Vorhandensein von Störzonenkreuzungen beim Bett oder auf dem Platz des Anfalles (Nr. 134).

4. Der **Lernplatz zu Hause** (Nr. 327) war in manchen Fällen ebenfalls über einer Störzone. Ich beobachtete Fälle, wo Kinder deshalb es nicht

lange auf dem Platz aushielten, sondern mit irgendwelchen Ausreden
– vielleicht, sie hätten ohnehin nichts mehr zu lernen – den Platz ver-
ließen. Der in jeder Weise ungestörte, ruhige Arbeitsplatz zu Hause
ist für einen gedeihlichen Lernerfolg ebenfalls unbedingt erforderlich.

5. Der **Sitzplatz in der Schule** (Nr. 519) hat auch Bedeutung. Er kann
dann eine große Rolle spielen, wenn ein Schüler lange Zeit hindurch,
vielleicht das ganze Schuljahr, auf demselben Platz, vielleicht auf einer Störzonenkreuzung, zu sitzen kommt.
Ich beobachtete Fälle, wo Kinder auf ihrem Sitzplatz in der Schule in
jenem Jahr teilnahmslos in der Bank saßen (Nr. 1247), benommen und
geistig abwesend waren und sogar zweimal ohnmächtig wurden (Nr.
519). Es war jedesmal genau über einer Kreuzung!
Solche Plätze waren auch die Ursache, daß Kinder einen Weinkrampf,
Bauchkrämpfe oder Erbrechen bekamen. In einem besonders schweren Fall beobachtete ich, daß ein solches Kind (trotz Intelligenz) eine
derartige Abneigung bekam, daß es nicht mehr in die Schule gehen
wollte. Die Eltern versuchten es mit gutem Zureden, mit Ernst und
Strafe. Alles half nichts. Erst nachdem das Kind daheim und in der
Schule von den Störzonenkreuzungen entfernt worden war, wandte
sich alles wieder zum Guten.

6. **Bettnässer** (Nr. 120) haben für ihr Leiden meist mehrere Ursachen,
auch oft psychologische. Aber in **allen bisher von mir untersuchten
Fällen,** das waren 53, beobachtete ich, daß der Störzoneneinfluß vorhanden war. Nach Entfernung dieser Ursache trat in den meisten Fällen rasch, ja oft schlagartig Heilung ein. Eine Mutter schrieb mir: „Unsere Erwartungen sind bei weitem übertroffen."

7. Ungleiche Geschwister (Nr. 542). **„Nimm dir ein Beispiel an deinem Bruder, an deiner Schwester!"** Dies wird manchem immer wieder gesagt, sowohl von den Eltern als auch von den Lehrern.
Ich beobachtete in vielen Fällen, daß diese weniger erfolgreichen Geschwister Opfer der Störzoneneinflüsse waren und deshalb nicht die Kraft zu gleichem Erfolg hatten.

8. Gute Schulleistungen trotz des Störzoneneinflusses?
Ja, diese gibt es auch mitunter! Einige wenige solche Fälle konnte ich beobachten, wo Schüler noch keine geistige Einbuße erlitten hatten, sondern gute oder sogar sehr gute Schulleistungen erbrachten. Diese Schüler wiesen bloß körperliches Mißbefinden auf.
Dazu möchte ich sagen, daß bei diesen Schülern ohne Störzoneneinfluß die Leistungen vielleicht „ausgezeichnet" gewesen wären. Gewiß aber hätten sie diese sonst mit geringerer Mühe und in **kürzerer Zeit** erreichen können.
Es wäre ihnen dann **mehr Freizeit** geblieben, die sie für die Erholung in der Natur, für die Bewegung in frischer Luft, fürs Spiel, für Ruhe und Besinnung, für **musische Betätigung,** für **menschliche Kontakte** und für kleine Hilfeleistungen verwenden hätten können.
Man erlebt ja auch im Beruf, ähnlich wie in der Schule, daß Leute trotz ungesunder Lebensführung, mißlicher familiärer Bedingungen oder anderer Erschwernisse über lange Zeit Erstaunliches leisten. Sicher kann eine robuste Natur oder eine entsprechende geistige Einstellung solchen Belastungen eine Weile standhalten. Aber der Preis ist auf jeden Fall Anstrengung, Verschleiß, Einbuße an Entfaltung. Warum diesen Preis bezahlen, wenn Abhilfe möglich ist? Und gerade im Fall von Störzoneneinflüssen ist sie fast immer so einfach zu schaffen!

9. Immer wieder wird wegen der „Überforderung" der Schüler geklagt. Häufig wird dem Lehrer die Schuld gegeben. Die tiefere Ursa-

che ist aber auch hier bei so manchem Schüler die körperliche und geistige Schwächung durch die Störzonen, sodaß er den Anforderungen nicht gewachsen ist. Wenn er müde ist, viel in die Luft schaut, die Zeit vertrödelt, den Lernstoff unglaublich oft wiederholen muß, bis er ihn sich einprägt, dann wird er das gestellte Pensum in der hiefür bemessenen Zeit nicht erledigen können! Wer frisch und munter und gesund ist, hat meist auch ein schnelleres Arbeitstempo und ist leichter den Anforderungen gewachsen.

10. **Vorwurf:** Weil ich so nachdrücklich hinweise auf den Einfluß der Störzonen als tiefere Ursache für das Versagen vieler Schüler – in verschiedenster Hinsicht – wird mir hin und wieder der Vorwurf gemacht, daß ich die Schüler zu sehr in Schutz nehme und keinen Wert auf die charakterliche Erziehung, auf Abhärtung und Ertüchtigung, auf Bescheidenheit und Maßhalten lege.

Ganz im Gegenteil! Ich schätze die Erziehung sehr hoch, ich habe in meiner 30jährigen Tätigkeit als Lehrerin sehr viel Wert darauf gelegt. Aber ich bin der Ansicht, daß manche Kinder zu Unrecht Tadel, Drohung und Strafe erfahren und daß in manchen Fällen gründlicher nach der Ursache des Versagens geforscht und somit den Kindern zu einer möglichen Änderung verholfen werden sollte. Ich bin der Überzeugung, daß die Erziehung dann eher einen richtigen Erfolg haben kann, wenn eine gute Grundlage durch gesunden Schlaf und körperliches und seelisches Wohlbefinden vorhanden ist! **Freudig** und schnell sollen die Kinder das Gute tun können! So mancher ,,Störenfried'', so mancher Streitsüchtige, Mißmutige und ,,Lästige'' wurde durch Entfernung aus dem Bereich der Störzonen, was eine Besserung seines Befindens zur Folge hatte, ein fröhlicher, ausgeglichener und charakterlich angenehmer Mensch.

11. Oft hört man sagen: „**Musterschüler** versagen im Leben" oder „Schlechte Schüler behaupten sich meist später im Leben und werden tüchtige Leute". Das ist eine Verallgemeinerung, die in den meisten Fällen **nicht** stimmt. Die meisten „Musterschüler" sind nicht nur gewissenhafte Schüler, sondern auch kameradschaftlich zu ihren Mitschülern und sie leisten auch im späteren Leben gute, verantwortungsvolle Arbeit. Ein Körnchen Wahrheit aber ist in dieser Redewendung. Bei einzelnen Menschen stimmt sie. Erstens kommt es hin und wieder vor, daß Kinder mit den Eltern und Lehrern nicht harmonieren und vielleicht unter einem gewissen Druck seelisch leiden können, zweitens haben einige Menschen mehr Freude an der praktischen Arbeit als am theoretischen Lernen, drittens aber, und das habe ich in sehr vielen Fällen beobachtet, haben Kinder mit dem **Schulaustritt** auch meist einen **Ortswechsel** zu vollziehen. Dadurch kommt eine Änderung der Strahlungseinflüsse zustande, den einen zum Schaden, den anderen zum Nutzen. Das ist dann oft der tiefere Grund, warum ein froher und leistungsfähiger Schüler im späteren Leben versagen kann und warum ein Sorgenkind vielleicht sich noch bestens entwickelt.

12. Auch bei **Schülern höherer Schulen** und bei **Hochschülern** machte ich ähnliche Beobachtungen wie bei den Pflichtschülern (Nr. 629).

13. **Welche Erfolge** brachte die Bettumstellung oder der Sitzplatzwechsel?
a) **Schlagartig** besseren Schlaf in fast allen Fällen bei Kindern,
b) besseren Appetit, besonders beim Frühstück,
c) besseres Wohlbefinden,
d) schlagartig bessere Aufmerksamkeit und Anteilnahme am Unterricht, besonders in den Lernfächern, wo frühere Lücken keine so große Behinderung darstellen,

e) bessere Denk- und Merkfähigkeit,

f) **schlagartig bessere Schulleistungen** in jenen Fällen, wo die Schädigung durch Störzonen nur kurze Zeit, vielleicht ein paar Monate oder höchstens ein Jahr gedauert hatte,

g) langsam besser werdende Schulleistungen in fast allen anderen Fällen.

Solche Schüler, die jahrelang, vielleicht die ganze Volksschulzeit hindurch, viele Schulversäumnisse hatten und daher große „Lernlücken" aufwiesen und auch sonst stark lernbehindert waren, müssen selbstverständlich in mühevoller Arbeit viel Versäumtes nachholen und können nur langsam gute Leistungen erbringen.

14. Prozent-Anteil. In **95 Prozent der von mir untersuchten Fälle** des Schulversagens beobachtete ich die **Mitbeteiligung** des Störzoneneinflusses; teilweise auf dem Sitzplatz in der Schule, größtenteils aber beim Schlafplatz.

15. Welche Hilfe kann jeder Lehrer leisten, auch wenn er selbst nicht rutenfähig ist?

a) Er kann die „rollende Klasse" einführen, d. h. er soll alle drei bis vier Wochen die Schüler versetzen, dann passiert es nicht, daß ein Schüler ein ganzes Jahr durch eine Kreuzung benachteiligt wird. Es ist selbstverständlich, daß nicht alle „bestrahlten" Plätze im Klassenzimmer unbesetzt bleiben können. Wohl aber können die Bänke so aufgestellt werden, daß eine doppelte Kreuzung, wenn eine vorhanden sein sollte, ausgespart wird, vorausgesetzt, daß eine Untersuchung möglich war.

b) Jeder Lehrer wird auch bemüht sein, die Voraussetzung für ein gedeihliches Lernen bei seinen Schülern zu schaffen. Darum wird er sich gelegentlich einmal Zeit nehmen für eine **Erkundigung nach dem Befinden** seiner Schüler. Die Zeit, die er dafür verwendet, kommt hundertfach herein! Denn was nützt alles Drängen, Tadeln und Pressen, wenn der Schüler wegen **äußerer** Einflüsse nicht lernen **kann!** **10 Fragen,** entsprechend den zehn Anzeichen für das Vorhandensein pathogener Störzonen (siehe Seite 72) stellte ich in vier ersten Klassen der Hauptschule. Das war bei Zehnjährigen. Dabei notierte ich nach jeder Frage die Namen der aufzeigenden Schüler. (Ich habe die Namenslisten mit dazustenographierten Notizen auch aufbewahrt!)[64].

c) **Rat zur Bettumstellung auf „gut Glück".** Ich erzählte sodann den Kindern einige Beispiele und sagte: „Ich meine, daß auch bei euch, die ihr aufgezeigt habt, die Beschwerden von solchen Störzonen kommen. Erzählt das euren Eltern und bittet sie, daß ihr euer Bett versuchsweise, auf ‚gut Glück', verstellen dürft. Wenn das Haus an einem Hang steht, dann sollt ihr das Bett wegen der herabfließenden Wasseradern nicht hangabwärts, sondern hangseitwärts umstellen. Manchmal genügt auch ein Herausziehen des Bettes in der Nacht um einen halben oder um einen Meter." (Siehe Nr. 159)

d) **Erkundigung nach dem Erfolg:** Nach drei Wochen erkundigte ich mich bei allen notierten Kindern. Beinahe alle hatten von den Eltern die Erlaubnis zur Bettumstellung bekommen und bei fast allen war ein bedeutend besseres Befinden, ein besserer Appetit eingetreten. Solch großen Erfolg hatte ich nicht erwartet!
Kurt, der seit vier Jahren abends stundenlang nicht einschlafen konnte, sehr nervös und kränklich war und viel Mißerfolg hatte, meinte: „Jetzt lege ich mich ins Bett und bin sofort weg!"
Maria, die Jahre hindurch fast jeden Morgen erbrochen hatte, sagte: „Seit der Bettumstellung habe ich nie mehr erbrochen!" Michaela brachte mir ein Schreiben[65] ihrer Eltern: „. . . Es ist ein wesentlich besserer Gesundheitszustand eingetreten!" Von Richards Eltern er-

hielt ich mit der Post einen Brief, in dem sie mir vom „jetzt ruhigen Schlaf" ihres Sohnes berichteten. (Selbstverständlich sind alle Aufzeichnungen und Belege vorhanden!)[65]

e) Von 120 befragten Schülern wiesen 52 deutliche Folgeerscheinungen der Störzoneneinflüsse auf, das sind 43 Prozent. Davon erfuhren 48 Schüler, das sind 92 %, nach der Bettumstellung „auf gut Glück" eine deutliche Besserung!

Nur eine Schülerin sagte folgendes: „Vorher hatte ich beim Erwachen Kopfschmerzen, jetzt habe ich Bauchschmerzen." Ich gab ihr zur Antwort: „Wahrscheinlich hast du jetzt die Kreuzung in der Bettmitte. Bitt, daß du das Bett nochmals verstellen darfst! Wenn du dich dann noch nicht wohlfühlst, können mich die Eltern ersuchen, daß ich die Situation genau prüfe und den strahlungsfreien Platz angebe." Lehrer, die nicht rutenfähig sind, können in solchen Fällen einen guten Rutengänger empfehlen.

f) **Gespräch mit Eltern:** Bei besonders sensiblen Kindern, in besonders schwierigen Fällen, wo ein Schüler auffallend plötzlich und anhaltend versagt, wo auch der Rat zur Bettumstellung „auf gut Glück" nichts nützt oder wo die Eltern aus Mangel an Einsicht dem Kind nicht gestatten, das Bett umzustellen, wäre eine persönliche Aussprache wünschenswert und vielleicht erfolgversprechend.

Ich behandle in diesem Buch die ganze Materie deshalb so ausführlich, damit Eltern und Lehrer den Ernst und die große Bedeutung erkennen und bei ihren Kindern bzw. Schülern wirklich an die Möglichkeit einer diesbezüglichen Hilfe denken.

g) **Kluge Vorsicht** dagegen müssen wir bei Kindern walten lassen. Wir dürfen nicht oft davon sprechen, um nicht eine „Strahlenpsychose" auszulösen. Die Kinder dürfen auch nicht veranlaßt werden, bei jeder Gelegenheit eine Ausrede zu finden. Im Gegenteil, wir sollen sie

beruhigen und ablenken und sie darauf hinweisen, daß es auch eine
geistig-seelische Strahlung gibt, die von den Menschen ausgeht, sodaß jeder sich in ihrer Nähe ausgesprochen wohlfühlt, und daß sie
trachten sollen, solche gute Menschen zu werden!

In früheren Jahren sprach ich in meinen Klassen nur einmal kurz in
der Schule über die Störzoneneinflüsse, erkundigte mich nach dem
Schlaf der Schüler und notierte mir das Nötige. Alles weitere führte
ich in der Freizeit, an Wochenenden und in den Ferien aus. Ich setzte
mich mit den Eltern jener Kinder in Verbindung, bei denen ich starken
Störzoneneinfluß vermutete. Die Eltern baten mich dann um die
Wohnungsuntersuchung . . .

Die oben erwähnte etwas ausführlichere Erkundigung in vier Klassen
ungefähr zur gleichen Zeit führte ich erst in letzter Zeit, bereits im
Hinblick auf diese wissenschaftliche Forschungsarbeit, durch.

Weil meine Freizeit und Kraft nicht mehr ausreichten, um in allen nö-
tigen Fällen persönlich zu helfen, hatte ich den Einfall, die Bettumstellung ,,auf gut Glück'' zu empfehlen. Die ,,rollende'' Klasse wird
von vielen Lehrern seit eh und je monatlich durchgeführt, ohne besonderen Kommentar, da sie auch wegen der Lichtverhältnisse in der
Klasse eine Berechtigung hat. Die Sitznachbarn müssen deswegen ja
nicht getrennt werden.

Die Anregungen, die ich in persönlichen Gesprächen mit Lehrern
und in öffentlichen Vorträgen bereits früher gab, wurden – wie ich erfahren konnte – schon von mehreren Lehrern mit Erfolg ausgeführt.
Mit Sicherheit weiß ich, daß auch andere Lehrer-Radiästheten – fünf
davon kenne ich persönlich – unabhängig voneinander gleiche Beobachtungen in ihrem Wirkungskreis machten und daß sie mit dem Rat
eines Ortswechsels auch wertvolle Erfolge erzielen konnten. Ich weiß
aber bisher noch von keiner diesbezüglichen Veröffentlichung.

Lehrer, Professoren und Direktoren
im Störzonen-Einfluß
(13 praktische Beispiele im III. Teil)

1. Der Lehrer (1299):
Es ist klar, daß sich auch das Befinden des Lehrers auf die Leistungen der Schüler maßgeblich auswirkt. Es ist nicht gleich, ob ein Lehrer froh, zuversichtlich, aufmunternd und geduldig in der Klasse steht oder ob er vielleicht auch störzonengeschädigt und daher müde, abgespannt, möglicherweise nervös, unkonzentriert und ungeduldig, vielleicht sogar deshalb schwer krank und öfters dienstabwesend ist, sodaß zum Schaden der Kinder immer wieder ein Lehrerwechsel stattfindet. Wenn der Lehrer einen strahlungsfreien Bettplatz hat, dann spielen die Störzonen in der Klasse für ihn eine geringe Rolle, weil er ja beim Unterricht den Platz immer wieder wechselt.

2. Der Mittelschulprofessor sowie der Universitätsprofessor (Nr. 1380) haben häufig einen fixierten Standort, sowohl während eines längeren Vortrages als auch während der Prüfungen. Dieser Standort sollte zum eigenen Wohl und zum Wohl seiner Schüler strahlungsfrei sein!
So mancher **Mißerfolg bei einer Prüfung** kommt dann zustande, wenn ein sensibler oder organisch kranker Lehrer oder vielleicht ein ebensolcher Schüler auf einem stark pathogenen Platz steht und deshalb nervös, unkonzentriert und vielleicht verkrampft ist.

3. Der Kathederplatz sollte in jenen Fällen untersucht werden, wo der Lehrer am Nachmittag bei der Vorbereitung und Heftekorrektur vielleicht stundenlang dort sitzt!

114

4. Der **Direktor** (Nr. 1351) braucht unbedingt einen strahlungsfreien **Arbeitsplatz in seiner Kanzlei.** Ich untersuchte schon mehrere Kanzleien und beobachtete, daß in jenen Fällen, wo mehrere Direktoren hintereinander schwer erkrankten und vorzeitig arbeitsunfähig wurden, beim Arbeitsplatz eine Störzonenkreuzung vorhanden war. Einem Direktor, der gesund ist, sich wohlfühlt und konzentriert arbeiten kann, wird es eher möglich sein, jenes **Schulklima** zu schaffen, in dem sich Lehrer und Schüler wohlfühlen und mit Schwung und Freude gedeihlich arbeiten können. Mehrere Direktoren versicherten mir bereits bald nach der Schreibtischumstellung ihre Besserung.

Planung für die Zukunft

1. Information der Schulbehörden, der Pädagogischen Universitäten, Akademien und Institute, der Lehrer durch Vorträge mit Diskussionen in Arbeitsgemeinschaften und Konferenzen, der Eltern durch Vorträge an Elternabenden, der Schüler durch Gespräch und Schaukasten-Plakate mit ausgewählten, geeigneten praktischen Beispielen.

2. Radiästhetische Ausbildung einiger hochsensibler Lehrer. In einem Schulbezirk wurde ich bereits gebeten, bei einer Lehrerarbeitsgemeinschaft vor 40 Teilnehmern den **Vortrag mit Dias**[67] „Störzonen im Schulbetrieb" zu halten. Anschließend ergab sich eine rege und interessante Diskussion. An jener Hauptschule wurde auch ein kurzer **Dokumentarfilm**[68] gedreht. Der Kollege Helmut Böhm verstand es erstklassig, diesen Film psychologisch gut und sachlich richtig aufzubauen. Ich hatte in einer Klasse die zehn erwähnten Fragen zu stellen und hernach bei zwei Kindern, die besonders oft aufgezeigt hatten, die Schlafstelle zu untersuchen. Tatsächlich stand das Bett der Christine E. über einer Curry-Kreuzung. Die Mutter meinte: „Man fragt sich, **warum** dieses Kind in der Früh absolut keinen Appetit hat und immer so nervös ist!"
Das Bett des Gottfried O. stand sogar über einer doppelten Kreuzung (Wasserkreuzung, Curry-Kreuzung)! Kein Wunder, daß er Schlafstörungen hatte, daß er ein Außenseiter, mißmutig und oft krank war, in der Schule versagte und oft „nachsitzen" mußte!
Beide Kinder durften sofort ihr Bett auf einen strahlungsfreien Platz stellen. Nach drei Wochen erfuhr ich bereits von ihrer Besserung.

Nun hoffe ich, daß ich mit meiner Tatsachenforschung, mit der Aufdeckung der tieferen Ursachen so manchen Schulversagens, einen bescheidenen Beitrag zum Wohle der Schuljugend und zum Fortschritt der Wissenschaft leisten kann.

Schulhausbau und Schulmöbel

Der führende deutsche Environtologe (Umweltforscher) Dr. Werner **Kaufmann,** Atzbach, empfahl mir, bei der Neuauflage des Buches auch einige Hinweise über die **Wirkung des Baumaterials und der Schulmöbel** zu geben. Ich möchte mich für diese Anregung und zugleich für den Beitrag, den er mir hiefür zur Verfügung stellte, sehr herzlich bedanken. Dieser Wissenschafter gibt auch eine **Erklärung der Erdstrahlen.**
Dr. Werner Kaufmann schreibt wörtlich:
Geobiologie, Baubiologie, Environtologie (Umweltforschung) und Schulbau:
Tu felix Austria . . . denke ich jedesmal, wenn ich das Buch von Frau Käthe Bachler wieder einmal aus der Hand lege. Ein Land, wo schon vor 50 Jahren Professor Bier aus Berlin mit dem Rutengänger Sanitätsrat Dr. Schreiber zu Professor Fürth zur ältesten deutschen Universität nach Prag fuhr, um die physikalischen Einflüsse des Rutenausschlages exakt zu erforschen, wo man sich um die elektrische Ladung der lebenden Zelle Gedanken machte, wo ein Keller, Gickelhorn und Pischinger freie, unbeeinflußte biophysikalische Forschungen treiben durften, die dann an der Universität Wien mit der gleichen Gründlichkeit fortgesetzt wurden.
Jedes Wort, jede Beobachtung von Frau Bachler können wir aus eigener **Praxis** und **Forschung** aufrichtigst bestätigen, von der Hornhautentzündung des Auges bis zu den zerrütteten Familienverhältnissen, vom Platz-Flüchten des Kleinkindes bis zum Aus-dem-Haus-Flüchten der Ehefrau. Wir – meine Freunde und ich – sind glücklich über den so verständlich geschriebenen **Erfahrungsbericht.** Das Buch zu schreiben erforderte nicht nur eine sehr große persönliche Leistung, sondern es erforderten die praktischen Untersuchungen auch eine ganz erhebliche **Lebenskraft,** die ja dann auch zu dem von der Verfasserin geschilderten Erschöpfungszustand führte. Hier sind keine Hypothesen aufgestellt worden, sondern Beweise erbracht worden, die sich – hochmodern! – heute beim Bau von Computerräumen und Intensivstationen als real erweisen und berücksichtigt werden müssen.
Man hat anderorts (in Dänemark und in Köln) **die luftelektrischen Verhältnisse in den Schulräumen** gemessen und mit der Leistungsfähigkeit der Schulkinder und ihrer Krankheitsanfälligkeit in Verbindung gebracht. Die Schwedische Akademie der Wissenschaft hat in mehreren hundert Wohnungen die elektrische Verladung der Luft in Abhängigkeit vom verwendeten Baumaterial untersucht. Zu einem Satz verdichtet: ,,Je atomar-dichter das

Baumaterial ist, umso stärker wirkt es als **Bremssubstanz, umso stärker ist die Luft elektrisch verladen. In „verladener" Luft wird man müde und kann nicht intensiv denken!** Das passiert, wenn man die Schulzimmer mit zuviel Kunststoffen einrichtet, vom Fußbodenbelag bis zu den mit Kunststoff kaschierten Tischen und Sitzen. Das Max-Planck-Institut für Arbeits-Physiologie in Dortmund hat festgestellt, daß die Arbeiterinnen an kunststoffkaschierten Arbeitstischen Durchblutungsstörungen an den Armen bekommen. Aufmerksame Eltern bemerkten – als sie ein unschön gewordenes Holzbrett durch ein Kunststoffbrett ersetzten –, daß ihre Kinder schneller ermüdeten, und ein gutes altes Holzbrett schnell diesem Nachteil abhalf. Was soll das alles in diesem Buch? Wir fanden Schulgebäude neben **Umspannwerken** gebaut, und die Kinder fielen während des Unterrichtes ohnmächtig um. Wir fanden Schulhäuser wie **„Treibhäuser",** gebaut aus Beton, Stahl, sehr viel Glas und Kunststoff. Mit viel Aufwand mußte die starke Sonneneinstrahlung verhindert werden, weil Lehrer und Schüler unter dem Treibhauseffekt vor Hitze stöhnten.

Im Jahre 1970 hatten wir bei dem Institut für **Bauforschung** in Wien eine internationale Tagung für **Baubiologie** und hier in Deutschland hatten wir mehrere Tagungen für **Wohnungsmedizin.** Immer wieder klagten die Architekten, daß sie zwar Hunderttausende von Wohnungen bauten, auch immer wieder kritisiert würden, aber niemand sich fände, der ihnen vorher sage, wie sie denn nun biologisch richtig bauen sollten. Hier an dieser Stelle kann nun auch beim besten Willen nicht in Kurzform eine „Baubiologie des Schulbaues" gegeben werden, aber da Schulen meistens für mehrere Generationen gebaut werden und der Streß unserer Leistungsgesellschaft leider schon im Schulraum beginnt, sollte hier bereits einmal ganz deutlich darauf hingewiesen werden, daß neben den geobiologischen Umständen – die hier im Buch ja ausführlichst dargestellt wurden – auch noch die anderen Umstände zu berücksichtigen sind, die **das Klima im umbauten Raum** sehr maßgebend beeinflussen.

Wir sind uns im klaren, daß die Lehrer nicht auch noch die Schlafplätze ihrer Schüler untersuchen können, so wenig wie das von unseren praktischen Ärzten zusätzlich verlangt werden kann. **Aber die jetzt heranwachsenden Generationen, die ständig mit diesen Umwelteinflüssen leben müssen,** weil sie ständig von ihnen beeinflußt werden, **dürfen verlangen, daß man sie auch mit diesem Wissen vertraut macht.** Zur Einführung deshalb diese wenigen Zeilen.

Im Lexikon der Physik von Hermann Franke, DTV, Band 3, Seite 49, steht unter **Erdstrahlung: „Strahlung, die aus dem Boden infolge Vorhandenseins radioaktiver Substanzen austritt."** Durch Messungen mit speziellem

Meßwagen konnten wir den Beweis erbringen, daß auch **thermische Neutro-nenstrahlung** an diesen Störzonen aus dem Boden austritt. Thermische Neu-tronenstrahlung war auch nach den Atombombenabwürfen die Ursache für die **Krebsentstehung** in Japan! Aus amerikanischen Messungen im Raume **Neuss** und **Xanten** wissen wir, **daß jede historische Erdbewegung** (römi-sche Lager, Bauten, Gräber und vergrabene Waffen) **in der Erde** an der Oberfläche **mit Protonenresonanzmagnetometer zu messen ist.** Aber auch **jede unterirdische Wasserführung,** und sei sie nur von molekularer Struktur (1 Meter in 24 Stunden!), ist meßbar und von biologischer Wirkung.

Das Österreichische Institut für **Bauforschung** berichtet in dem Buch „**Baufeuchtigkeit":** Wasserbewegungen in der Erde bewirken durch ihre Reibung Erzeugung von Elektrizität, diese steigt im Mauerwerk hoch und reißt Wassermoleküle mit. Dadurch entsteht die Baufeuchtigkeit (Elektro-osmose), die als galvanische Spannung von unter einem Volt real meßbar ist. Über Wasserführungen in der Erde entstehen **Ionenwände,** die in bis zu mehreren tausend Metern Höhe gemessen wurden (Direktor Dr. **Bürklin,** Oberfränkische Kraftwerke Bamberg, mündliche Mitteilung). Alle diese Um-stände wirken auf die Ionisation des umbauten Raumes ein und sind damit von biologischer Wirkung, oder sie erzeugen durch die **kernmagnetische Re-sonanz** (der Protonen im Wasser) im Gewebswasser des menschlichen Kör-pers pH-Verschiebungen oder Fehlsteuerungen.

In der Karte „Die neuesten Messungen der terrestrischen Strahlung im Freien und in den **Wohnungen"** (Herausgeber: Bundesminister des Inneren, 1977) tritt zum ersten Male klar in Erscheinung, wie stark sich die Strahlenbelastung in unseren **Wohnungen** durch die **Bremswirkung** des Baumaterials verstärkt.

Zwischen einem Holzhaus und einem Betonhaus besteht auch nach den wis-senschaftlichen Messungen der Schwedischen Akademie der Wissenschaften (1956) ein mehrhundertfacher Unterschied in der Ionisation der Raumluft. In der freien Natur haben wir gemischt geladene Luft, und der Sauerstoff ist von der UV-Strahlung der Sonne noch zusätzlich aktiviert. Im umbauten Raum ändern sich diese Verhältnisse sehr stark, und teilweise wird die Luft durch statische Verladungen von Kunststoff-Flächen beeinflußt.

Zwischen einer Glaswand und einer Kunststoffwand können Querspannun-gen von bis zu 6000 Volt entstehen, die den Menschen psychisch beeinflussen und verändern (Technische Hochschule München, Dr. Josef **Eichmeier).** Vielleicht ist es dann auch verständlich, warum heute viele Kinderzimmer durch die gehäufte Verwendung von „pflegeleichtem" Kunststoff die Kinder nervös und renitent machen. Radio, Fernseher, Lautsprecher (Magnete!),

Elektro- und Batteriewecker gehören nicht ans Bett, besonders nicht in Kopf-
nähe, weil sie biologisch nachweisbar den Hormonhaushalt stören. (Sie müssen zumindest zwei Meter entfernt sein! Sie wirken auch durch die Wand!)
Wir raten ab von den sogenannten „Jugendzimmern", die rundum mit
Kunststoff kaschiert sind. Keine Kunststofftische, keine Stühle mit Kunststoff, keine Drehschemel mit ihren sich aufmagnetisierenden Stahlschrau-
ben!
Wir fanden mehrere Bürgermeister, die – ohne unser Zutun! – von sich aus die
Kunststoffböden aus den Schulräumen herausreißen ließen, nachdem sie
festgestellt hatten, wie sehr die geistige Aufnahmefähigkeit der Schüler in
den „modernen" Schulräumen nachgelassen hatte. Dafür ließen sie wieder
die guten alten Holzböden mit biologisch kunststofffreier Versiegelung ein-
bauen.
Wir haben von der grünen Wiese (Bauplatzuntersuchungen) bis zum fertigen
Bau Kinderdörfer, Kindersanatorien, Kliniken und viele Wohnbauten bau-
biologisch und environtologisch beraten; und wir wissen aus den Meßplatz-
sanierungen in Arztpraxen und Hunderten von Wohnraumsanierungen, wo
die Fehler modernen Bauens liegen.
Frau Käthe Bachler hat wahrlich ein heißes Eisen angefaßt, aber wir sind
sicher, daß sich die Wahrheit durchsetzen wird! „Mauern und Fenster und
Türen bilden ein Haus, aber das Leere in ihnen erwirkt das Wesen des Hauses!" Grundsätzlich: „Das Stoffliche bringt die Nutzbarkeit; das Unstoffliche
wirkt die Wesenheit!" meinte **Laotse** zu diesem Thema.

Atzbach, 14. September 1978   Dr. Werner Kaufmann

Ich hoffe und wünsche sehr, daß dieser wertvolle Beitrag des bahnbrechenden Wissenschafters Dr. Werner Kaufmann Interesse und
Verständnis weckt, und daß die Verantwortlichen – die Bürgermeister, Schuldirektoren und Architekten – in Hinkunft bereits bei der
Planung von Schulbauten sich mehr als bisher in diese Materie vertie-
fen. Hiezu kann ich alle Schriften Dr. Kaufmanns (Literaturverzeichnis!) sowie die Heftreihe „Gesundes Wohnen" vom Institut für Baubiologie in D-8200 Rosenheim wärmstens empfehlen, besonders auch
Dr. Kaufmanns Vortrag „Das Mikroklima und seine Bedeutung für
die Gesundheit des Kindes" (Eigenverlag Dr. Kaufmann, D-6301
Atzbach, Bergstraße 15).

Passende Größe der Schulmöbel

Es sei mir in diesem Zusammenhang noch erlaubt, auf ein Übel hinzuweisen, welches ich bei meiner langjährigen Tätigkeit als Lehrerin immer wieder beobachtete. Die davon betroffenen Schüler taten mir immer besonders leid.

In den meisten Klassenzimmern stehen nur gleich große Bänke bzw. Stühle und Tische. Dabei müssen einige zu **klein gewachsene Schüler** den ganzen Vormittag die Füße hängen lassen, weil für sie der Sitzplatz zu hoch ist. Sie müssen beim stundenlangen Schreiben die Arme und Schultern stark heben, weil die Schreibfläche für sie zu hoch ist (mancher Erwachsene würde das nicht aushalten!). Im selben Klassenzimmer müssen einige zu **groß gewachsene Schüler** schief und verkrümmt in den für sie zu kleinen Bänken sitzen, weil sie die Beine nicht unterbringen. Sie setzen sich der ernsten Gefahr einer Wirbelsäulenverkrümmung aus. Auch müssen sie stundenlang in stark gebückter Haltung schreiben, weil die Tischfläche für sie zu niedrig ist!

Man hat die Möbel eben für das Mittelmaß der Schüler einer Klasse angeschafft, dabei nicht bedacht, daß z. B. in einer Klasse der Zehnjährigen heute Kinder sitzen, die wie Siebenjährige aussehen, und auch solche, die hochgeschossen sind wie Vierzehnjährige. Jeder Arzt und jeder Schulpsychologe weiß, wie unbedingt notwendig für die Gesundheit, das Wohlbefinden, die Entwicklung und eine gedeihliche Arbeitsleistung auch die Beachtung der passenden Möbelgröße für die Schüler ist. In jedem Klassenraum sollten deshalb vorne ein paar wesentlich kleinere Möbel und hinten ein paar wesentlich größere Möbel stehen. Wichtiger als das gleiche Maß ist das passende Maß!

Ich hoffe sehr, daß diese wichtige Sache in Hinkunft unbedingt noch mehr beachtet wird! Es gibt hiefür heute bereits entsprechende Tabellen als Information und Hilfe.

III. Teil

Tatsachenfälle
und Statistiken

In diesem praktischen Teil kann ich natürlich nur einige Beispiele aus der Fülle meines Beobachtungsmaterials darbieten, weil sonst das Buch zu umfangreich wäre und zu teuer käme. Ich könnte zu jedem „Tatsachenfall" viele sehr ähnliche Beispiele bringen.

Ich weiß, daß heute die Menschen nur wenig Zeit zum Lesen haben, weswegen ich das Buch so kurz als möglich gestaltet habe. **Diese Anzahl der Beispiele** scheint mir aber **unbedingt notwendig,** um zu beweisen, daß beim Auftreten **aller** Krankheiten, „vom Scheitel bis zur Sohle", an die Mitbeteiligung der Bodeneinflüsse gedacht werden muß.

Die praktischen Beispiele stelle ich in folgender Reihenfolge zusammen: Zuerst Reaktionen bei Tieren und Reaktionen bei Menschen im allgemeinen, dann die Beispiele, die zum Buch „Schulversagen" gehören, in der Folge die Beispiele der verschiedenen Krankheiten nach Organen, in Gruppen geordnet und versehen jeweils mit Statistiken und Zusammenfassungen, zum Schluß Beispiele von pathogenen Sitz- und Stehplätzen.

Die **Angaben** bei den Zeichnungen sind laienhaft, oft auch lückenhaft oder nur angedeutet. Wie schon erwähnt, schrieb ich absichtlich genau das, was mir die Leute sagten. Manches haben sie verständlicherweise auch verschwiegen. Aber trotzdem scheinen mir die Beobachtungen bedeutungsvoll zu sein.

1553c Der Hund, ein „Strahlenflüchter", sucht die „guten" Plätze

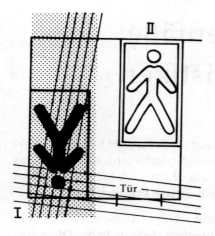

Christian, ein hochsensibler Zwanzigjähriger, bekam einen neuen Bettplatz (I). Bald zeigten sich Müdigkeit, Kopfschmerzen und Appetitlosigkeit. Nach drei Monaten bekam Christian **schwere Grippe** und hernach **Gehirnhautentzündung.** Er hielt es im Bett nicht aus, ging im Zimmer auf und ab. Dann kam er für drei Wochen ins **Spital.** Dort konnte er sofort gut schlafen und hatte fast keine Schmerzen mehr. **Daheim bekam er sofort wieder arge Kopfschmerzen** und große Müdigkeit.

Nach zwei Wochen baten mich die Eltern um die Untersuchung der Schlafstelle. **Störzonenkreuzung beim Kopfende des Bettes!** Das Bett wurde sofort in die „strahlungsfreie" gegenüberliegende Ecke des Zimmers gestellt.

Der skeptische Jugendliche machte nun einen **Versuch.** Er holte den großen Hund ins Zimmer, lockte ihn in die „bestrahlte" Ecke, wo vorher das Bett gestanden war, legte eine Wolldecke auf den Boden und redete dem Hund gut zu, dort sich hinzulegen und zu bleiben. Dann ließ er den Hund allein.

Nach fünf Minuten ging er nachschauen. **Wo fand er den großen Hund vor? In seinem Bett, auf dem „strahlungsfreien" Platz II!**

Lachend erzählte uns der kritische junge Mann von seinem **Experiment, den Hund als Kontrollor meiner Aussagen zu benützen.**

Christian schlief in der folgenden Zeit gut, hatte keine Kopfschmerzen mehr und **konnte bald gründlich genesen.**

124

Die Katze, ein „Strahlensucher", hat ihre Lieblings-
plätze auf Störzonenkreuzungen! Sie liegt gerne auch in
Betten, die über Störzonenkreuzungen stehen. Siehe folgende Beispiele:

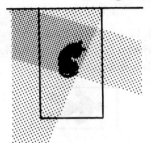

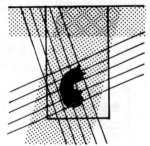

663   Irene, 9 Jahre, hatte
ständig **Kopf-** und **Bauchschmerzen!**
Nach Bettumstellung
schnelle Genesung!

Dipl.-Kfm. A. hatte
ständig **Kreuzschmerzen!**
Genau **oberhalb** ist ein Mann
an **Krebs** gestorben.

1293 b   Fische reagieren

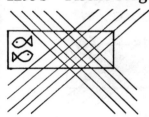

Seit 1½ Jahren steht das Aquarium an
dieser Stelle. Seither halten sich die Se-
gelflosser immer nur auf der linken Seite
auf. **Die Segelflosser weichen den**
Strahlungen aus! Auch fressen sie ihr
Gelege auf.
Früher stand das Aquarium im anderen
Zimmer, strahlungsfrei. Dort schwam-
men sie im ganzen Aquarium umher und hatten dreimal gesunde
Junge.
Umstellung!
Brief vom 16. Dezember 1973: **„Seit der Umstellung schwimmen die**
Fische wieder überall umher, laichten nach vier Wochen ab und be-
treuten das prachtvolle Gelege hingebungsvoll."

Dr. G. R., Biologieprofessor

Bei 3000 Wohnungsuntersuchungen konnten folgende eigene **Erfahrungen** gewonnen werden:

1. Bodeneinflüsse und ihre Wirkung, nach **steigender Intensität** (Wirkungsstärke) geordnet:

a) C (= Curry-Streifen): Nervosität, leichte Schlafstörungen und Krämpfe möglich

b) W (= Wasserader): Frieren und Müdigkeit, Rheuma möglich

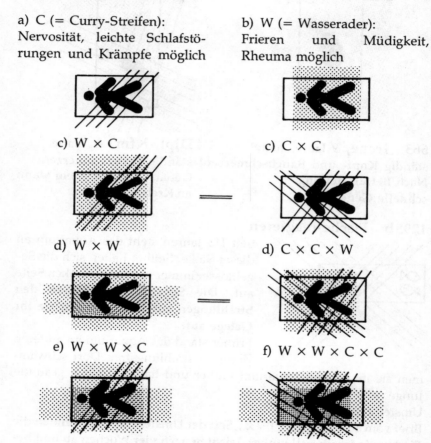

c) W × C

c) C × C

d) W × W

d) C × C × W

e) W × W × C

f) W × W × C × C

Bei b) bis f) besteht die Möglichkeit schwerer Schlafstörungen, schwerer Krämpfe und schwerer Erkrankungen.

2. Bodeneinflüsse und ihre Wirkung nach **fallender Häufigkeit des Vorkommens** als krankmachender Faktor geordnet:

a) $C \times C \times W$
b) $W \times C$
c) $C \times C$
d) W
e) C
f) $W \times W$
g) $W \times W \times C$
h) $W \times W \times C \times C$, nur bei 0,8 Prozent
der Menschen beobachtet.

Die Nummer beim Blatt oben links ist jeweils die **Indexzahl** des betreffenden Falles.

Bei allen Wohnungsuntersuchungen legte ich den **Kompaß** auf. In **allen Fällen** fand ich die Curry-Streifen in der **Zwischenhimmelsrichtung,** also NO – SW, NW – SO, vor. **Dementsprechend** zeichnete ich sie auch jedesmal ein. Die **Angabe** der Himmelsrichtung, weil bereits selbstverständlich, fand ich aber **nicht mehr bei jeder Zeichnung für notwendig.** Es ist klar, daß dann, wenn das Haus selbst in der Zwischenhimmelsrichtung steht, die Curry-Streifen also sich parallel, d. h. gleichlaufend zur Wand, befinden.

Tatsachenfälle
bei
Säuglingen und Kleinkindern

610   Frühgeburt

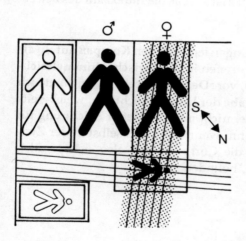

♂ gesund,
♀ leidend;
Gallenleiden, Krämpfe und Fußschmerzen, besonders im Bett, **Frühgeburt!**
(Der Arzt sagte: „Ohne meine Behandlung wäre es ein Abortus geworden, denn die Natur stößt das Kranke aus!" Der Rutengänger sagt: „Das Kind wollte schon aus dem Mutterschoß flüchten!")

Kind, mit 6½ Monaten geboren; im Bettchen geweint und geschrien, sich „hin und her geworfen", hatte **Verkrampfungen und Anfälle,** war ständig schwach und krank trotz ärztlicher Behandlung. Mutter mußte bis zu zwanzigmal in der Nacht das Kind beruhigen.
Nach Bettumstellung: Besserung!

1249 Das „Wunschkind" kam!

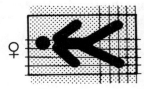

12 Jahre lang wartete Fr. N. vergebens auf ein Kind! Sie hatte Eileiter-Schwangerschaft und viele Baucherkrankungen! Der Arzt empfahl die Wohnungsuntersuchung. Bettumstellung!

Genesung der Frau!
Nach fünf Monaten wurde das seit vielen Jahren ersehnte Kind empfangen, blieb gesund im Mutterleib und kam gesund zur Welt! Es erhielt einen strahlungsfreien Liegeplatz und gedieh prächtig! Jetzt (1976) ist Mathilde ein Jahr alt, immer gesund und vergnügt!

102 Dorli starb an Fraisen

Unser Schwesterlein war erst wenige Monate alt. Im Mutterleib war sie auf einer Störzonen-Kreuzung gelegen. So kam sie als schwaches Kind zur Welt. Weil die Mutter schwer erkrankte und ins Spital mußte, kam das Kind zu Pflegeeltern.

1. Pflegeplatz   2. Pflegeplatz

Auf dem ersten Pflegeplatz erkrankte Dorli schwer, deshalb kam sie zu anderen guten Pflegeeltern. Aber auch dort weinte und schrie sie viel und bekam schwere Krämpfe. Schon nach zwei Monaten starb sie an Fraisen.

180 Zwilling, 14 Monate alt, flüchtet

Georg kann nicht schlafen und **schreit so lange, bis ihn die Mutter neben sich bettet.**
Dieter flüchtet sofort vom Curry-Kreuz und schläft dann tief und gut!
Mutter schläft sehr unruhig und wenig, hatte schweres Nierenleiden.
Vater schlief früher auf der Curry-Kreuzung und war damals sehr nervös.
Nach Bettumstellung schlief der Zwilling ruhig in der Bettmitte.

660 Ins Gitterbett gebunden

Ins Gitterbett gebunden wurde das zehn Monate alte Kind. Die Eltern fürchteten, es könnte aus dem Bett fallen, **weil es im Schlaf immer wieder aufstand!**
In der **Gehschule** hielt sich dieses Kind immer nur in der „strahlungsfreien" Hälfte auf; **nie** auf dem Curry-Streifen!
Vater telefonierte: „**Seit der Bettumstellung schläft das Kind tadellos und ist gesund!**"

542 Zweijähriger

wich im Schlaf immer wieder den Störzonen aus und legte sich mit dem **Kopf nach Norden!**
Leider hatte der besorgte Großvater das Kind jede Nacht mehrmals umgedreht!
Seit Bettumstellung ruhiger Schlaf!
Nach Möglichkeit sollte der Kopf beim Schlafen gegen Norden liegen, auch bei Erwachsenen.

192 Glückliche Lehrerfamilie in Oberösterreich

Nur die kleine
Hertha (2. Kind
von rechts)
weinte jeden
Abend und war
viel krank.
Voll Angst
schaut sie in die
Welt. Warum
wohl?
Ihr Bett stand
über einer
Störzonen-
kreuzung!

Nach einem Jahr kam ein Brief
mit Foto und Nachricht.

**Hertha (1. Kind
von rechts)
gedieh auf dem
neuen Schlaf-
platz prächtig!**

131

1523 Martin hatte nach der Geburt Glück!

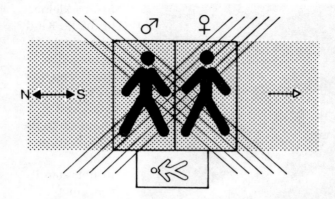

Die **Eltern** liegen seit zehn Jahren „hier" und haben verschiedene Leiden.

Die **Mutter** hatte **dreimal Abortus.** Nur mit größter Mühe, unter großen Schwierigkeiten, mit vielerlei Hilfen, gelang es ihr, das nächste Kind zu behalten. **Martin** war, als er zur Welt kam, sehr schwach, besonders empfindlich im Magen. Er mußte alles erbrechen.
Er hatte aber Glück und bekam „zufällig" einen strahlungsfreien Bettplatz. So konnte er bald genesen und war **nach zwei Monaten „vollkommen gesund".** Jetzt ist er 1½ Jahre alt.

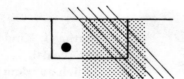

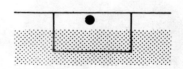

1370 b Michaela, 1½ J.,

wurde oft **kniend oder hokkend, dabei wippend,** vorgefunden!

295 Elfi, 2 J.,

wurde oft zur **Vollmondzeit** so vorgefunden, **als ob sie auf die Wand klettern wollte!** Flucht!

132

1457   Zwei Kinder in Tirol

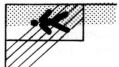

Klemens, 2 Jahre, hatte unruhigen Schlaf und oftmals **Husten und Erbrechen in der Nacht,** nie bei Tag!

Verena gedieh zwei Monate lang prächtig, dann lag sie 1½ Monate über Wasser, schlief unruhig, hatte wenig Appetit und erbrach.

Nach Bettumstellung schliefen beide Kinder ruhig, erbrachen seither nicht mehr und gediehen bestens!   (Brief des Vaters!)

1177   Bettumstellung ,,auf gut Glück''

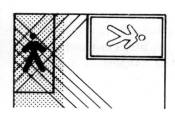

befreite den kleinen Manfred
schlagartig
von seinem **schweren Asthma,**
von seinen Erstickungsanfällen.

732   ,,Grundloses Weinen''

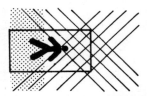

Mädchen mit fünf Jahren weinte jeden Morgen beim Erwachen, bei Tag war sie ,,lästig'' und ,,raunzig''. Sie schlug sich oft den Kopf an und wurde dabei jedesmal **ohnmächtig!**

Bettumstellung! Baldige Genesung! (Brief!)

133

159 Bub, 4 Jahre, blieb nie sitzen beim Essen

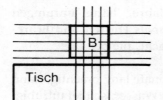

Die Eltern waren deshalb ungehalten. **Seit der Tischumstellung bleibt er ruhig sitzen!**

Mädchen, 2 Jahre, hatte sehr unruhigen Schlaf. Der Vater, **Richter in Salzburg,** schrieb mir: ,,Als wir, auf Ihren Rat hin, das Bett unserer kleinen Tochter um nur 30 Zentimeter verschoben, hatte sie schon in der folgenden Nacht den **ersten ruhigen Schlaf** seit langer, langer Zeit. **Damit haben Sie meine anfängliche Skepsis besiegt!''**

403 Stottern

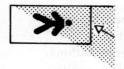

Dieses Kind begann spät zu gehen und spät zu sprechen und es stotterte, **bis es mit sechs Jahren einen besseren Bettplatz bekam!**

Tatsachenfälle
bei
Schülern und Studierenden

201 „Das Rätsel der Schulpsychologin"

1. und 2. Lebensjahr:
Entwicklungshemmung!
Das Kind erlernte nicht das Sprechen.

3. bis 6. Lebensjahr:
Das Kind war immer noch geistig zurückge-
blieben. Urteil der Schulpsychologin: **„Das
Kind ist bloß reif zum Eintritt in die Sonderschule!"**

Zufälliger Bettplatzwechsel:

Jetzt hatte das Bemühen der intelligenten Mutter
Erfolg. Das Kind machte geistig große Fortschrit-
te. Probeweiser Eintritt in die **Volksschule!**
Zur Verwunderung aller lautete die Gesamtbeur-
teilung im **1. Zeugnis „sehr gut"!**

1507 a **Die Schulanfängerin Ingeborg** hat **besten Schlaf**
und besten **Appetit beim Frühstück!** Seit vier
Monaten besucht sie die Schule!

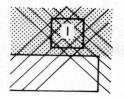

Seither ist sie blaß und hat **zu Mittag keinen
Appetit.** In der Schule ist sie müde, unruhig
und „lümmelt" und sagt: „**Mich freut gar
nichts mehr!" Trotz Intelligenz macht sie
viele Abschreibfehler!**
Nach Platzwechsel in der Schule sagte sie:
„**Heute hat es mir getaugt!"**

1507 b **Zu Hause hatte Ingeborg zwei Lernplätze:**

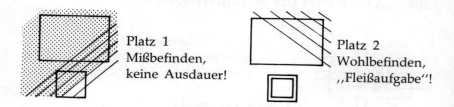

Platz 1
Mißbefinden,
keine Ausdauer!

Platz 2
Wohlbefinden,
„Fleißaufgabe"!

984 **Rudi,** 10 Jahre, hat seit zwei Jahren diesen Schlafplatz.

Seither Frieren im Bett, Bauchschmerzen
am Morgen, **Ängstlichkeit,** oftmalige Erkrankung, **viele Schulversäumnisse.**
Nach Bettumstellung baldige Besserung in
jeder Hinsicht!

236 Monika, 10 Jahre, hatte ständig Übelkeit und Erbrechen

und mußte deshalb oft die Klasse verlassen. Ich erkundigte mich, ob sie wohl den Arzt aufgesucht hätte. Sie sagte: ,,Ja, aber der Arzt sagte, **bei mir hilft nichts, er hat schon alle Medikamente probiert, ich habe bloß ein nervöses Bauchleiden.''** Monika hatte auch gänzliches Lernversagen. Ich besuchte nun ihre Eltern . . . und sie baten mich um die Untersuchung der Schlafstelle. Monikas Bett stand über Curry-Kreuzung und Wasserader. Ihr **Bruder** hatte einen **guten Schlafplatz** und war gesund!

Monika   **Bruder**

Empfehlung, Monikas Bett als **Stockbett** oberhalb dem Bett des Bruders anzubringen!
Schon am anderen Tag berichtete M.: **,,Heute habe ich gut geschlafen!''** **Bald Genesung und Lernerfolg!**

1156 Einen Groll auf jeden Lehrer

hatten die Eltern der Schülerin Jahne in Klagenfurt. Sie meinten, der Lehrer sei schuld, daß ihr **Kind jeden Morgen zitterte! Jahne hatte in der Früh oft Fieber,** Erbrechen, Appetitlosigkeit; sie hatte große Müdigkeit, Kreislaufstörungen, viele Schulversäumnisse und Lücken im Lernen, deshalb oft Verzagtheit. Lehrer bat um die Untersuchung! **Bettumstellung! Rasche Genesung!**

101 Irmtraud in Tirol schlief über „schiebendem Wasser"

Angstträume, Flucht, Depressionen, Appetitlosigkeit.

Einige Worte aus dem Brief der Mutter; sie ist **Apothekerin:** „Das Kind kam jede Nacht ein- oder zweimal zu mir vor Angst, da sie „ganz was Schreckliches" geträumt habe, wachte morgens oft weinend auf. **Jetzt schläft sie vollkommen ruhig,** ist fast immer ordentlich zugedeckt und **wacht ausgeruht auf** . . . **Sie fühlt sich seit der Bettumstellung viel wohler!** Die erste **Reaktion** war ein **großer Appetit** . . . Wir können Dir gar nicht genug danken! . . ."

632 Maria war mondsüchtig!

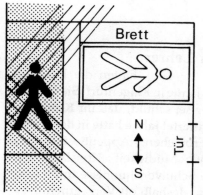

Brett

N
S
Tür

Maria, 12 Jahre, war sehr klein, sehr blaß, oft krank, hatte besonders **arge Bauchschmerzen!** Sie hatte **große Abneigung gegen ihr Bett,** legte sich am Abend nur mit Widerwillen nieder und konnte oft stundenlang nicht einschlafen! Sie hatte viele Schulversäumnisse und **Schulversagen!**
Bettumstellung! Nach drei Monaten kam ein Brief der Mutter: „Maria sieht jetzt schon ganz, ganz anders aus und fühlt sich wohler und geht gerne ins Bett! . . ." Auch bessere Lernerfolge!

658 Herta ist sehr nervös und zittert vor Angst

Herta

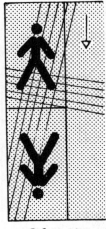

Schwester

Sie ist 13 Jahre alt, klein und zart, weint schnell, hat Hemmungen.
Vor 11 Uhr nachts kann sie nie einschlafen. Sie ist oft krank und hat **viele Schulversäumnisse**.
Untersuchungsergebnis: Drei Meter breiter „ziehender" Bach und „Curry-Kreuzung"!

„**Schwester** auch zart und oft krank. Beide Mädchen bekamen **Schlafplätze im anderen Zimmer. Sofort guter Schlaf, bald Kräftigung und Wohlbefinden!**

1259 b „Nerventabletten" braucht bereits der Zehnjährige!

Reinhard, 10 Jahre, arge Kopfschmerzen, arge Schlafstörungen, große Nervosität, große Müdigkeit! **Nach Bettumstellung sofort besserer Schlaf und bald auch besseres Befinden!**

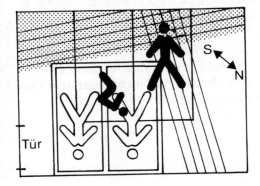

Tür

Gerlinde, 6 Jahre, weicht aus!

Sie dreht sich im Schlaf im Bett um und kriecht weg! Sie ist gesund.

139

1741 Michael, 13 Jahre, hatte Migräne-Anfälle

Sein Vater, **Schuldirektor in Tamsweg,** schrieb bereits am 3. Dezember 1975: „**. . . Am auffälligsten hat sich diese Umstellung bei unserem älteren Sohn Michael ausgewirkt,** und zwar zu seinem Gunsten. Seitdem sein Bett nun „richtig" steht, und sein Schreibtisch mit Sessel auf einem strahlungsfreien Platz steht, hat **Michael keinen einzigen Migräneanfall mehr gehabt.** Er war auch in dieser Zeit **nie krank.**

In den letzten Jahren litt er besonders zu dieser Jahreszeit häufig an Erkältungskrankheiten und bei Wetterumstürzen an starken Kopfschmerzen. Nachdem sich für Michael die Umwelt weder zu Hause, noch in der Schule in letzter Zeit in irgendeiner Form geändert hat, sein Freundeskreis der gleiche geblieben ist, – **führe ich diese positive Veränderung darauf zurück, daß Michael nun nicht mehr dem Einfluß geopathischer Störzonen ausgesetzt ist."**

265 Die Langsamste der Klasse, 10 Jahre

Als Lehrerin erlebte ich folgendes:

Wir mußten mit dem Tafellöschen immer auf sie warten . . .

Ich erkundigte mich nach ihrem Schlaf. Sie erzählte: „Ich schlafe immer sehr spät ein und **ich falle öfters samt der Tuchent aus dem Bett und schlafe dann auf dem Boden weiter."**

Die Eltern berichteten: „Unser Kind ist ein „**Rhesusfaktor-Kind"** und hat **seit der Geburt Anämie."**

Ja, das war **eine** Ursache ihrer Beschwerden; eine **zweite Ursache** war die **Störzonenkreuzung!**

Bettumstellung! Sofort ruhiger Schlaf, Wohlbefinden, guter Appetit! Bald schnelleres Arbeitstempo, besserer Lernerfolg! Nach fünf Monaten **rote Wangen, blühendes Aussehen!**

Briefstelle: „. . . S. hat sich seit dieser Zeit auffallend besser entwickelt. Ich danke Ihnen sehr für Ihre uneigennützige Anteilnahme am Befinden Ihrer Schülerin . . ."

772 Keine Hausaufgaben

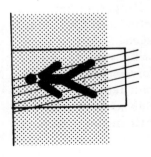

macht die Schülerin K., 14 Jahre. Daheim sitzt sie müde beim Tisch, schaut viel in die Luft, kommt bei keiner Arbeit vorwärts! Schulversagen trotz Intelligenz! Am Abend kann sie stundenlang nicht einschlafen! Viele Schulversäumnisse!

Nach Bettumstellung rasche Besserung!

153 Plötzliches Lernversagen!

„Sehr gute" Volksschülerin, hatte zu Beginn der Hauptschulzeit einen Wohnungswechsel. Seither „leichte" Kopfschmerzen und häufiges Nasenbluten. Beides wurde nicht weiter beachtet. Wohl beachtet aber wurde das plötzliche Schulversagen trotz Intelligenz! Das Kind bekam: **Fleiß 3, Deutsch 5, Mathematik 5!** Wiederholung der Klasse, Versetzung in den II. Klassenzug!

Ich vermutete als Ursache des Versagens eine Krankheit, verursacht durch Störzonen, und sprach mit den Eltern . . . Arzt stellte schwerste Stirnhöhleneiterung fest! **Bettumstellung; dann erfolgreiche Behandlung; wieder guter Lernerfolg!** Der **Arzt sagte** zu mir: „Es gibt viele Kinder, bei denen es weder die Eltern noch die Lehrer merken, daß das Kind schwer krank ist, bis es zu spät ist! Dieses Kind war bereits in höchster Gefahr! Wenn Sie es nicht gemerkt hätten, wäre das Kind in der Nervenklinik gelandet. **Es wäre nicht fähig geworden, sich selber das tägliche Brot zu verdienen!"**

1430 Nach dem frühen Tod des Vaters

(vor zwei Jahren an **Bauchspeicheldrüsenkrebs gestorben**) „durfte" sich Christine, 10 **Jahre, in sein Bett legen!** Sofortige Folgen: Schlaflosigkeit, Nervosität, oftmaliges Erbrechen, **gänzliches Schulversagen, Wiederholung der Klasse. Bettumstellung!** Brief nach drei Wochen: „Christine schläft besser . . ." **Später erfuhr ich: „Christine lernt auch wieder gut!"**

251 Die Vergeßlichste der Klasse

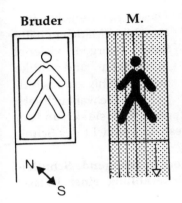

Bruder   M.

N
S

M., 10 Jahre, **schlief über „ziehendem"** **Wasser!** Beim Aufstehen wurde ihr oft „schwarz vor den Augen" und **sie „torkelte" ins Bett zurück!** Sie hatte gelbe Gesichtsfarbe, ständig Bauchschmerzen, große Müdigkeit, Merkunfähigkeit, gänzliches **Lernversagen . . .**
Nach Bettumstellung besserer Schlaf, besseres Befinden, bessere Merkfähigkeit, besserer Lernerfolg!

Bruder hat guten Schlaf und Wohlbefinden!

237 Wiederholungsprüfung

II
I

M., 12 Jahre, war die **Schwächste der Klasse,** körperlich und geistig! Sie war sehr unruhig und nervös, langsam und vergeßlich und hatte **großes Schulversagen!** Wiederholungsprüfung!
Zufälliger Bettplatzwechsel! (I. → II.)
Von da an besserer Schlaf, besserer Appetit, besseres Befinden und bessere Lernfähigkeit.

Erfolg bei der Prüfung im Herbst!

Im nächsten Schuljahr **Verwunderung der Lehrer** über das nun auffallend bessere Befinden und das größere Selbstvertrauen des Mädchens und ihre **jetzt guten Schulleistungen!**

162 Vermeintliche „Schulschwänzerin"

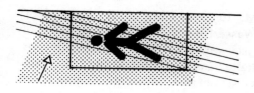

Dieses hochsensible (rutenfähige) Mädchen hatte jeden Morgen vielerlei Schmerzen und fühlte sich „unfähig zum Schulgehen". Sie war auch sehr blaß, müde und appetitlos. Im Laufe des Tages erholte sie sich und am Nachmittag ging sie „Luft schöpfen". Deshalb Verdacht des Schulschwänzens!

Viele Schulversäumnisse, große Lernlücken, **ungenügende Schulleistungen trotz Intelligenz! Zweimal Wiederholung einer Klasse! Nach Bettwechsel Genesung!**

1251 c Wachstums-Stillstand und Schulversagen

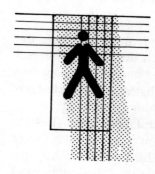

Der 13jährige sah aus wie ein 10jähriger! Norbert bekam vor drei Jahren diese Schlafstelle. Seither keinen Zentimeter gewachsen und kein Kilogramm zugenommen! Am Abend stundenlanges Wachliegen, am Morgen große Müdigkeit! **Lernmißerfolg! Nach Bettumstellung schlagartige Besserung!** Sofort guter Schlaf, Wohlbefinden und Lernerfolg. Dem Physiklehrer, der von allem nichts wußte, fiel auf, daß Norbert **jetzt in der Schule so eifrig und leistungsfähig** war. „**Früher** machte er den Eindruck, als ob er **sehr faul** und **desinteressiert am Unterricht** wäre!"

In vier Wochen vier Kilogramm Gewicht und drei Zentimeter Wachstum zugenommen!

Der Vater sagte: „Bei Norbert scheint es, wie wenn ein Wunder geschehen wäre . . ."

1036 Zwölfjährige ist der Verzweiflung nahe!

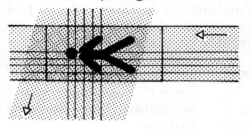

Sie liegt seit sieben Jahren über doppelter Kreuzung! Seither Angstträume, **Hilferufe in der Nacht,** oft Schlaflosigkeit, ständiges Fieber, ständige Bauchschmerzen, völlige Appetitlosigkeit, **totale Abmagerung, völlige Lebensunlust,** obwohl Eltern und Geschwister sie liebevoll behandeln.
Konzentrationslosigkeit und **Schlaf in der Schule!** Schulversagen, **Schulbesuchsverweigerung!**
Trotz Behandlung durch Arzt und **Schulpsychologen** keine Besserung!
Erst nach Bettumstellung Besserung!

264 Frieren im Bett

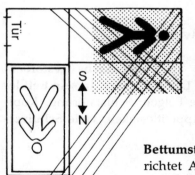

Anita ist sehr blaß (10 Jahre) und oft krank, hat **viele Schulversäumnisse.**
Sie sagt: ,,Seit einem Jahr schlafe ich in diesem Zimmer. Seither schlafe ich sehr schlecht, bin **in der Frühe sehr müde** und habe viel Kopfweh . . .''

Bettumstellung! Nach drei Tagen schon berichtet Anita freudig: ,,**Jetzt schlafe ich gut und fühle mich richtig wohl und gesund. Am meisten freut mich, daß mir jetzt im Bett warm ist!** Früher habe ich im Bett immer so gefroren!''

654 Beim Skikurs in der 3. Klasse Hauptschule zog sich ein Mädchen einen **dreifachen Knochenbruch** zu. **Dieser heilte ein Jahr lang nicht.** Der Arzt empfahl die Wohnungsuntersuchung, weil – wie er sagte – die **Heilungschance über Störzonen geringer** sei.

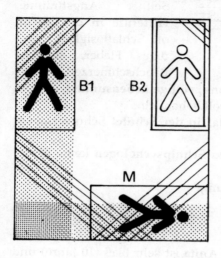

Mädchen bekam im Nebenzimmer „strahlungsfreien" Schlafplatz! Dann langsame Heilung.

Bruder 1 war jeden Morgen „in Schweiß gebadet". Er bekam ein **Stockbett oberhalb seinem Bruder 2 und erfuhr eine schlagartige Besserung!**

Bruder 2
Guter Schlaf und Wohlbefinden.

164 Nach dem Tod des Großvaters

(vor ½ Jahr an **Lungenkrebs** gestorben) „durfte" sich Lotte, 12 Jahre, in sein Bett legen! Sofortige Folgen: Schlafstörung, Kopfschmerzen, Appetitlosigkeit, **viele Schulversäumnisse!**

Nach Bettumstellung baldige Genesung!

881 b Schulkinder in Argentinien

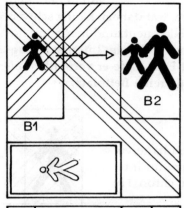

B1, 7 Jahre, hat sehr unruhigen Schlaf und **flüchtet** fast jede Nacht zum Bruder, B2, legt sich zu ihm ins Bett, **ohne dabei wach zu werden.**

B2 schläft gut,
M1 schläft gut, } gesund

M2 liegt seit zwei Jahren hier und hat seit dieser Zeit **schweres Lernversagen. Bettumstellungen wurden durchgeführt.**

Nachricht im Brief: **Schlaf und Lernerfolg haben sich gebessert.**

1176 c Die Unruhigste der Klasse

saß über einer Wasserkreuzung! Nervosität, Konzentrationsschwäche, Schwätzhaftigkeit. **Nach Platzwechsel Besserung!**

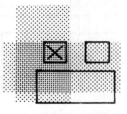

Sie kamen ins Internat und erfuhren sogleich eine Änderung in ihrem Befinden!

325   Gottfried in Innsbruck, 10 Jahre, war daheim häufig schwerkrank, hatte Nierenentzündungen mit hohem Fieber und **wurde im Internat schlagartig gesund! Dort hatte er vermutlich einen strahlungsfreien Bettplatz.**

Bett daheim

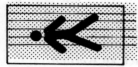

1506   Irene,

12 Jahre, war daheim immer gesund und hatte vermutlich einen strahlungsfreien Bettplatz! Im Internat bekam sie sogleich Schlafstörungen, chron. Husten, Grippe, Lungenschwäche.
Nach Bettumstellung Genesung!   Bett im Internat

134   Epilepsieähnliche Anfälle

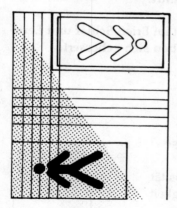

Ingrid war eine „sehr gute" Volksschülerin!
Vor 1½ Jahren Wohnungswechsel; **seither ständig Kopfschmerzen,** Versagen der Denkfähigkeit, schlechte Schulleistungen, . . . Gehirnkrämpfe, dreimal einen Anfall! Krankenhausaufenthalt und weiterhin starke medikamentöse Behandlung! Seither kein Anfall, aber trotzdem ständig Kopfschmerzen. Nach ½ Jahr Wohnungsuntersuchung!
Bettumstellung! Seither keine Kopfschmerzen mehr!
Verwunderung des Facharztes über die so plötzliche Besserung des Leidens! (Aussage der Mutter.)
Jetzt auch wieder gute Schulleistungen!

268 „Du bildest dir die Schmerzen bloß ein!

Du hättest jeden Morgen andere Schmerzen! **Du willst bloß nicht in die Schule gehen!** Marsch aus dem Bett!" So sagte eine Mutter zu ihrem achtjährigen Kind, weil sie nicht verstehen konnte, daß dieses täglich am Morgen „andere" Schmerzen hatte. Die Wohnungsuntersuchung löste das Rätsel!

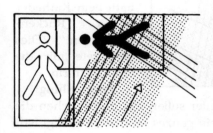

**Blasenleiden,
Nierenentzündung
(wochenlang 40⁰ Fieber),
Schlafstörung,
Schulversagen!
Wiederholung der Klasse!
Bettumstellung!
Baldige Besserung!**

327 Maturant hatte Bett und Studierplatz zu Hause über Störzonen-Kreuzung.

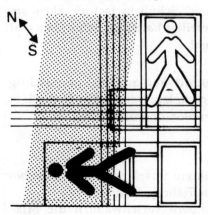

Seit 1½ Jahren in diesem Haus, seither arge Beschwerden!

Er hatte ständig **Kopfschmerzen, Konzentrationslosigkeit** und wollte deshalb oft schmerzstillende Tabletten einnehmen. Die Mutter verwehrte es ihm und meinte: **„Du bildest dir die Schmerzen wohl nur ein, weil du nicht lernen willst!** Du kannst doch nicht schon mit 18 Jahren anfangen, schmerzstillende Pulver und Schlaftabletten zu schlukken!" **Möbelumstellung! Genesung!**

519 Klassenraum der Sonderschule in Hallein, Maßstab 1:100

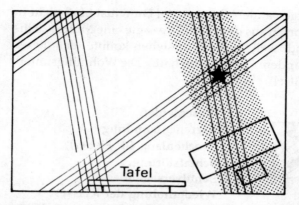

★ „Genau dort wurde ein Mädchen zweimal ohnmächtig! Es hatte auch viele Schulversäumnisse! Und ich hatte beim Katheder immer Rückenschmerzen." Dies berichtete mir die Frau Lehrerin.
Empfehlung:
„Rollende" Klasse! (D. h. die Kinder sollen alle drei Wochen die Plätze wechseln, damit kein Kind ein ganzes Jahr benachteiligt ist!)

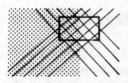

1247 Die Note 2 in Fleiß bekam die beste Schülerin einer Landschulklasse, weil sie sich in „jenem" Schuljahr fast **nie aktiv am Unterricht beteiligt hatte! Ihr Schulplatz war auf der Störzonenkreuzung gewesen!**

1031 Verwirrt, geistesabwesend und **zweimal ohnmächtig** auf seinem Schulplatz war Schüler S. Auch er saß über einer Störzonenkreuzung.

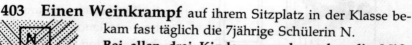

403 Einen Weinkrampf auf ihrem Sitzplatz in der Klasse bekam fast täglich die 7jährige Schülerin N.
Bei allen drei Kindern verschwanden die Mißstände nach dem Platzwechsel! (Bestätigungen der Direktoren liegen vor.)

120 Bettnässerin, 13 Jahre, durfte nicht beim Skikurs mitfahren! Diese Schülerin war vom 4. bis zum 13. Lebensjahr nervenschwach und Bettnässerin. Sie hatte eine **zittrige Schrift** und **Lernmißerfolg** und **weinte schnell.** Was war wohl die tiefere Ursache?

Zufälliger Zimmerwechsel! Besseres Befinden! Aufhören des Bettnässens! Besserer Lernerfolg! Mutter bekam nach ½ Jahr **schweres Rheuma,** vier verschiedene Medikamente halfen nicht. (Sie hatte jetzt den ehemaligen Schlafplatz ihrer Tochter!) Nach ½ Jahr Wohnungsuntersuchung! **Bettumstellung! Sodann baldige Genesung!**

542 „Nimm dir ein Vorbild an deiner Schwester!"

So sagten **die Eltern und die Lehrer** oft zum jüngeren der beiden Mädchen und **ahnten nicht, warum** dieses ganz anders war! Viele Jahre hindurch waren dies die **Schlafplätze** der Schwestern:

Anneliese war immer gesund, **froh und munter,** seelisch ausgeglichen, hatte **sehr guten Lernerfolg!**

Brigitte war **immer müde,** manchmal mürrisch, oft krank und hatte **Schulversagen!**

1264   Mittelschülerin H., 16 Jahre, hat seit zwei Jahren diesen Bettplatz und seither schwere **Schlafstörungen und ständig große Müdigkeit,** Konzentrationslosigkeit, Depressionen, Lernmißerfolg, arge Regelschmerzen, oftmals Bauchschmerzen.

Herbst 1973 **Wiederholungsprüfung nicht bestanden!**

„Faule Niete" wurde ich von einer Professorin genannt. Ich bin aber stundenlang vor den Büchern gesessen; aber ich konnte mir nichts mehr merken." So sagte H.
Bettumstellung!
Nach 2½ Monaten kam Nachricht: **„Die große Müdigkeit und zeitweiligen Depressionen sind verschwunden, der Lernerfolg hat sich wieder gebessert!"**

1049   Fachschüler in Linz, 16 Jahre, ist in der Früh **benommen und „grantig",** hat oft Schnupfen! (Früher lag seine Tante in diesem Bett, aber verkehrt, und hatte damals ein Ziehen in den Füßen.) Bett des Fachschülers wurde umgestellt! Brief: „Bald guter Schlaf und **Frohsinn** am Morgen!"

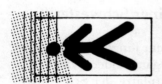

1301   Krankenschwestern-Schülerin hat seit diesem Bettplatz ständig arge Kopfschmerzen, Müdigkeit und oft Halsschmerzen. Ärztliche Behandlung hat erst nach Bettumstellung Erfolg!

629 **Studentin Angelika,** 18 Jahre, mietete in einer Hochschulstadt ein Zimmer. Seither hatte sie Schlafstörungen und **jeden Morgen Magenschmerzen,** meist auch Kopfschmerzen. **Nach zwei Monaten Bettumstellung!** Bald kam Nachricht: „Ich **schlief nach der Bettumstellung prompt herrlichst!** Nicht auszudenken, wenn ich fünf Jahre lang aus Unwissenheit in diesem Bett geschlafen hätte!"

Ihre **Vorgängerin,** Schülerin der Pädagogischen Akademie, war zwei Jahre lang ständig leidend, sodaß sie **deshalb den Beruf einer Lehrerin nicht ergreifen konnte!**

1340 Der „ewige" Student, 35 Jahre

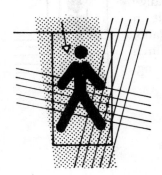

Er hatte trotz Intelligenz und **Gewissenhaftigkeit** immer wieder **Mißerfolg beim Studium!**

Müdigkeit und Konzentrationslosigkeit, Nierenleiden, **Nierenstein-Operation . . .** Trotz guter Vorbereitung immer wieder **Prüfungsangst** und Mißerfolg bei Prüfungen! Promotion erst mit 35 Jahren!

Eine Woche später: Wohnungsuntersuchung! Sodann **Übersiedlung** an einen anderen Ort! **Seither gutes Befinden!**

153

Tatsachenfälle
bei
Lehrern, Professoren und Direktoren

1299 Herr Lehrer F.

hat ein schweres Nervenleiden, hochgradige
Schüttellähmung, mehrmaliger Aufenthalt in
der **Nervenklinik,** mehrmaliger Krankenurlaub,
kein Arzt kann helfen! **Frühpension!** Hilfe durch
Bettumstellung kam zu spät! Keine Heilung!
Wohl aber Besserung im Befinden!

477 Junge Lehrerin,

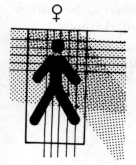

seit 1½ Jahren in dieser Wohnung, seither
großes Unbehagen, **Zwangsneurosen!**
(Doppelte Kreuzung!) Kein Arzt kann helfen! Krankenhausaufenthalt, Krankenurlaub!
Erst nach Bettumstellung konnten Arzt
und Psychiater **Heilung** bewirken!

1341 Junge Lehrerin,

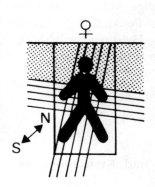

seit sieben Jahren in dieser Wohnung, seither leidend; **schwerstes Rheuma! Seit neun Monaten Krankenurlaub!**

Aus ihrem Brief: „. . . total fertig und niedergeschlagen, weil ich ein ganzes Jahr kaum mehr schlafen konnte . . ., **seit der Bettumstellung kann ich wieder gut und fest schlafen . . ., ich fühle mich seither auch tatsächlich besser . . ."** Nach fünf Wochen wieder dienstfähig!

1042 Lehrer-Ehepaar

Zuerst: ♂ (Bett I.) Erkrankte sofort schwer an **Rheuma;** ♀ (Bett II.) gesund! Man vermutete Zugluft vom Fenster, vier Meter entfernt, und tauschte die Betten, weil die Frau robuster zu sein meinte. **Folge:** ♂ (Bett II.) schlief am Rand und wurde bald gesund! ♀ (Bett I.) erkrankte bald an **Rheuma** und **Nervenentzündung!**

Bettumstellung: ♀ Frau schrieb: „. . . **alles hat sich wesentlich gebessert:** Blutdruck und Nervenschmerzen. Wir sind Dir für Deinen Liebesdienst sehr, sehr dankbar. Ich meine, ich hätte nicht mehr lange durchgehalten . . ."

841 Hilfe kam zu spät; aber eine gewisse Erleichterung nach der Bettumstellung mit 51 Jahren!

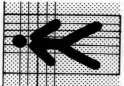

Frau D., eine ehemalige Mitschülerin, war trotz bester ärztlicher Behandlung leidend! Rippenfellentzündung, Heiserkeit, mit 52 Jahren an Lungenkrebs gestorben.

487 Herr Religionsprofessor Dr. A.

Schlafstörung, **Herz- und Kreislauferkrankung! Bettumstellung!**
Brief: „. . . Seit ich das Bett umstellte, schlafe ich viel besser und fühle mich viel gesünder und frischer . . ."

1293 b Frau Biologieprofessor Dr. M.

Seit 1½ Jahren in diesem Bett, seither schwer leidend, **Polyarthritis!**
Der Arzt empfahl die Untersuchung! **Bettumstellung!**
Nach sieben Wochen kam ein Brief: „. . . Ich habe sehr **bald eine enorme Besserung** meiner Beschwerden beobachtet – **ich erwache ausgeruht und frisch . . .**, mein Genick und die Schultern sind **völlig schmerzfrei** geworden, die früher so häufige Verspannung ist nicht mehr, und seit ca. drei Wochen sind auch die **Knie wieder leicht beweglich. Ich bin buchstäblich ein anderer Mensch geworden . . . !"**

157 „Es war zum Verrücktwerden!

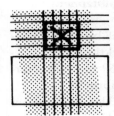

Ich konnte mich nicht konzentrieren, bekam Kopfschmerzen, Magenschmerzen, Mißbehagen und konnte nichts essen. Ich mußte die Fachprüfung verschieben!" So berichtete mir ein Lehrer. **Später, auf strahlungsfreiem Platz, gelangen Vorbereitung und Prüfung!**

1096 b Standort beim Unterricht auf Störzonenkreuzung

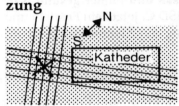

Lehrer in Salzburg: Hustenanfall, **Stimmausfall,** Bauch- und Rückenschmerzen, **Erschöpfung;** Krankenurlaub!

27 Direktor einer „Höheren Schule" in Salzburg

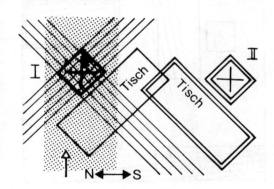

Platz in seiner Kanzlei:
I. **Konzentrationslosigkeit,** Nervosität, vielerlei Beschwerden, oftmaliger **Krankenurlaub!** (Außerhalb der Schule immer Wohlbefinden!) **Frühpension!**
Nachfolger seit kurzem „hier", ist sehr müde!
II. **Umstellung der Möbel; seither Wohlbefinden des Direktors!**

1351 Drei Hauptschuldirektoren

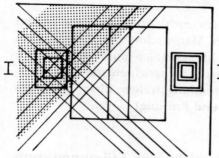

hatten den Sessel in der Kanzlei über **Störzonen!**
Platz I.:
1. HSD A. 1958 bis 1968: **Zweimal Herzinfarkt!**
2. HSD B. 1969 bis 1973: **Nervenzusammenbruch!**
3. HSD C. 1973 bis 1974, seither Frösteln und Unbehagen! **Sofort Möbelumstellung!** Dann erfuhr ich, daß

4. HSD N. 1954 bis 1958 auf Platz II. saß und immer gesund war!
Auf einer Karte erfuhr ich später, daß HSD C. jetzt kein Frösteln und Unbehagen mehr verspürt. (Bestätigung mit Stempel vorhanden.)

1380 Universität Salzburg

Institut für Philosophie, Lehrkanzel II. **Arbeits- und Prüfungsraum**

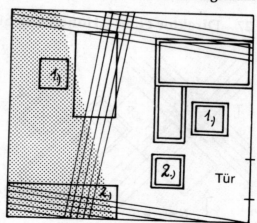

1. Platz des Herrn Univ.-Professors.

2. Platz der Prüflinge.

Untersuchung und dann sofortige Umstellung der Möbel, auch zur Förderung eines „sehr guten" Prüfungserfolges.

158

743 Arbeitsplätze
des Herrn Univ.-Prof. Dr. Paul Weingartner

in seiner Wohnung in Salzburg:

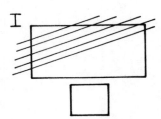

Wohlbefinden, **sehr gute Arbeitsleistung,** auch abends.

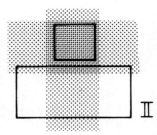

Im Nebenzimmer: Mißbefinden wuchs täglich so sehr an, daß es nach $\frac{1}{2}$ Stunde unmöglich war, weiterzuarbeiten! Vermutung, daß schlechtes Fett beim Kochen verwendet wurde, Vermutung einer Erkrankung . . ., nach $1\frac{1}{2}$ Monaten:

Wechsel auf Platz III. Jetzt gutes Befinden!

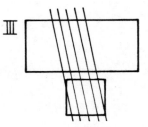

IV. Untersuchung der Wohnung! Dann **Rückkehr auf Platz I: Wieder sehr gutes Befinden und sehr gutes, konzentriertes Arbeiten!**

Ich bestätige die Richtigkeit der Angaben: Prof. Dr. Paul Weingartner.

159

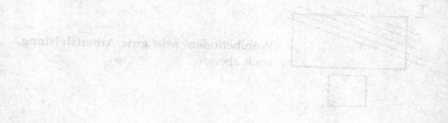

Tatsachenfälle
und Statistiken
für die verschiedenen Gebiete der
Heilkunde

A   Neurologie

(Gehirn-, Nerven-
und Gemütskrankheiten)

Ein **Team von Ärzten und Psychologen** – unter der Führung des Univ.-Prof. Dr. Gerhart **Harrer,** Ärztlicher Direktor der Landesnervenklinik Salzburg, und des Univ.-Prof. Dr. Wilhelm Josef **Revers,** Vorstand des Psychologischen Instituts der Universität Salzburg, schreibt in der Studie „Musik und Vegetativum" (Ciba-Geigy, Basel), Seite 6: „Trotz der hektisch expansiven Entwicklung neuer diagnostischer und therapeutischer Methoden nahm aber die Zahl jener Patienten zu, die mit Erklärungen wie ‚es ist ja nur Einbildung', oder ‚es sind lediglich Ihre Nerven', von den Ärzten nach Hause geschickt werden mußten, ohne daß diese **Diagnose** den Arzt oder gar den Patienten befriedigen konnte."

Wie sehr haben die Ärzte und Psychologen recht! Es sind gerade jene bedauernswerten Menschen, die dem Einfluß von Störzonen ausgesetzt sind, die bislang diese traurigen Worte vernehmen mußten! Wie lange wird es noch so sein? Ich hoffe, nicht mehr allzu viele Jahre, weil jetzt doch immer mehr Ärzte aufhorchen und vom Strahlungseinfluß erfahren und ihren Patienten zumindest empfehlen, versuchsweise für einige Wochen oder Monate das Bett zu verstellen und zu beobachten, wo es ihnen taugt . . .

Univ.-Prof. Dr. Erwin **Ringel,** Wien, ein bekannt weitblickender und erfolgreicher Psychiater, zu dem die Patienten wegen seines väterlich verstehenden Wohlwollens größtes Vertrauen haben, lud mich bei den **Salzburger Hochschulwochen 1975** ein, bei der öffentlichen Diskussion von den Erfahrungen meiner Tatsachenforschung zu berichten. Ich teilte mit, daß ich beim Schlafplatz aller Personen mit **Depressionen** (es waren damals 124 Personen)[46] starken Störzoneneinfluß beobachtet hatte. Daraufhin sagte Herr Prof. Ringel öffentlich: „**Ich bin davon überzeugt, daß Störzonen** eine **schädigende Wirkung auf den Menschen ausüben können.** Aber bei der ‚endogenen' Depression weiß ich, daß **Stoffwechselerkrankungen** die Ursache sind!" Sicher hat Herr Prof. Ringel recht! Die Stoffwechselkrankheiten sind ein „**auslösender**" Faktor! Als ein „grundlegender" Faktor, als eine „**hintergründige**" Ursache, die bisher unerkannt geblieben war, kann jedoch der Störzoneneinfluß angenommen werden! Denn ich möchte erwähnen, daß ich bei 276 Personen[46] mit Stoffwechselerkrankungen (bisher ohne Ausnahme) ebenfalls Störzoneneinflüsse vorfand! Demnach ist es möglich, daß unsere Aussagen einander nicht ausschließen, sondern daß beide Aussagen wahr und berechtigt sind. Am besten aber bringt auch hier DDr. Lothar v. Kolitscher beide Aussagen auf einen Nenner, wenn er betont, daß durch die Störzonen eben die Abwehrkraft geschwächt wird . . .

Als **eine Zeugin unter vielen,** daß nach einer Bettumstellung tatsächlich Depressionen nachlassen und verschwinden können, möchte ich eine **junge Schweizerin** (Fall Nr. 1696) sprechen lassen. Sie hatte schon viele Ärzte aufgesucht, weil sie seit Jahren total erschöpft war, **schwere Depressionen,** Schwindel, nervöses Herzleiden und viele andere Beschwerden hatte. Sie bat mich um die Wohnungsuntersuchung. Ihr Bett stand – wie bei den meisten Schwerkranken – über Wasser und Curry-Kreuzung! **Bereits nach sechs Wochen** schrieb sie mir: ,,Es geht mir gut, seit wir die Betten anders gestellt haben. Ich schlafe gut und habe **viel weniger Depressionen.** Unser Bub schläft auch viel besser . . .''

Der Großteil der Menschen reagiert über Störzonen mit **Schlafstörungen.** Manche können am Abend stundenlang nicht einschlafen, andere werden häufig von Angstträumen gepeinigt, wiederum andere wälzen sich im Bett hin und her oder liegen stundenlang wach, andere hinwieder haben einen narkoseähnlichen Schlaf. Sie alle sind am Morgen müde, erschöpft und ,,erschlagen''. Daß aber ein ruhiger und tiefer Schlaf für die tägliche Erneuerung des gesamten Menschen von größter Bedeutung ist, bezweifelt wohl niemand. Besonders wichtig ist ein ungestörter Schlaf für die nervliche Gesundheit! Daß ein Schlaf mit Hilfe von Tabletten nicht die gleiche Wirkung wie ein gesunder Tiefschlaf hat, dürfte jedem klar sein. Wie viele Menschen aber nehmen jahrelang Schlaftabletten ein, um nur einigermaßen schlafen zu können. Oftmals wurde mir nach der Entfernung vom Störzonenbereich mitgeteilt: ,,Jetzt kann ich wieder ohne Tabletten schlafen!''

Daß ständiger Mangel an Tiefschlaf viele Folgen haben kann, wie **Nervosität,** Nervenschwäche und Neurosen, Depressionen, **Gereiztheit,** Streitsucht, ist nicht zu leugnen.
Manche Fälle beobachtete ich, wo Menschen über Störzonenkreuzungen nicht körperlich, zumindest für die Umgebung nicht erkennbar, sondern **seelisch oder geistig krank** wurden. Sie waren ,,**zerkriegt mit sich und aller Welt**'', wie eine Mutter das Befinden ihres Kindes ausdrückte. Schon nach ein paar Wochen schrieb mir diese Mutter, daß die Bettumstellung einen vollen Erfolg brachte.
Eine andere Mutter stellte mir ihr zweieinhalbjähriges Kind vor. Ich erschrak über den ,,**bösen**'' **Blick** dieses Kindes A. Die Mutter klagte

mir vor, daß sie sich nicht zu helfen wisse, weil dieses Kind so schwer zu erziehen sei. Sie bemühe sich, gerecht und gleich gut zu sein wie zur fünfjährigen B. Diese sei lieb, folgsam und gutherzig, A. dagegen launenhaft, unfolgsam, ja oft geradezu boshaft. Die Untersuchung der Schlafplätze ergab folgendes Bild:

Kind A. schlief über Störzonenkreuzung sehr unruhig, fiel öfters aus dem Bett, war in der Früh müde und mißmutig. Kind B. schlief auf strahlungsfreiem Platz ruhig, war in der Früh munter und vergnügt. Die kleine A. bekam sofort einen strahlungsfreien Bettplatz. Nach einer Woche schon ging mir die Mutter freudig zu und sagte: ,,In der vergangenen Woche schlief A. wunderbar und war das ,,bravste" Kind. Es hat sich im ganzen Wesen geändert."

Ein dritter Fall schwerer seelischer Erkrankung: Die intelligente Zwölfjährige fühlte jeden Morgen einen **Zorn und Haß** gegen ihre – wie sie sagte – ,,unverständige" Mutter, weil sie von dieser geweckt und zum Aufstehen gezwungen wurde, obwohl sie noch ,,sooo müde" war und sich schwach und elend fühlte. Im Mädchen begann der **Neid** gegen das einjährige Schwesterlein zu keimen. Dieses durfte noch lange schlafen und wurde von der Mutter besonders umsorgt, weil es körperlich krank war. Der Bettplatz der Zwölfjährigen war gestört durch drei (!) Wasseradern und einen Currystreifen!

Die psychische oder geistige Erkrankung eines Kindes wird oft nicht als solche erkannt. Daher wird auch nicht nach der Ursache geforscht. Häufig herrscht die Meinung vor, ein solch ,,verschlossenes, bösartiges" Kind müsse durch Zwang und Strafe ,,zurechtgebogen" werden. Manche Eltern schieben ein solches Kind ganz beiseite. Notwendig dagegen wäre, daß sie es, ähnlich wie ein körperlich krankes Kind, mit besonderer Sorgfalt und Liebe betreuen. Die Strafe empfindet ein seelisch-geistig krankes Kind selbstverständlich als ungerecht. Eine

164

Verbitterung kann sich einnisten, die mitunter lebenslange traurige Folgen zeitigt. Dabei könnte gerade das Angenommensein eine Linderung im Leid bringen.

Ich war oft zutiefst erschüttert, wenn ich als bisher unerkannte Wurzel so mancher **Familientragödie,** die durch ständige Gereiztheit der Menschen ausgelöst wurde, oder so mancher **jahrelangen Feindschaften,** die durch Neid und Haß geschürt wurden, Störzonenkreuzungen aufdecken konnte.

Viele Störzonengeschädigte erblicken nämlich im Mitmenschen den Übeltäter, den Schuldigen an ihrem körperlich-seelischen Mißbefinden. Dies trifft oft auch bei störzonengeschädigten Eheleuten zu. Ein namhafter Wiener Rechtsanwalt, Herr Dr. Harald **Ofner,** selbst Rutengänger, machte wiederholt die Erfahrung, daß „solche" Eheleute, selbst wenn sie bereits auf dem Scheidungsweg gestanden waren, auf einem strahlungsfreien Platz sich wieder wohl fühlten und versöhnten.

Auch ich durfte einige Male das Glück miterleben, wie Menschen auf unbestrahltem Platz wieder die seelische Kraft zu einer tiefgreifenden Versöhnung fanden.

Trotz all des bisher Gesagten, trotz der Einsicht, daß die tiefere Ursache sehr vieler Übel die Störzonenkreuzungen sind, bezweifle ich nicht, daß es auch schuldhafte Fehlentscheidungen im Menschenleben gibt. Dies dann, wenn der Mensch sich für Egoismus statt Liebe, für Härte statt Barmherzigkeit, für Vergeltung statt Verzeihung entscheidet.

Viele Menschen werden durch Krankheit und Leid nicht verbittert und verhärtet, sondern, Gott sei Dank, gütiger, verständiger und reifer. Trotzdem haben wir nicht das Recht, unsere Mitmenschen leiden zu lassen, solange wir ihnen helfen können.
Nun aber wieder zurück zu den Tatsachenfällen.

Die **große Statistik** wurde 1974 erarbeitet. Es konnte hiefür das gesamte damals vorhandene Forschungsmaterial von genau 1500 Wohnungs- bzw. Hausuntersuchungen in wochenlanger, mühevoller Kleinarbeit genauest durchgearbeitet und **in rund 300 Blättern statistisch erfaßt** und nach Gruppen für die verschiedenen Fachgebiete der Heilkunde geordnet werden. So kann jeder Arzt sich näher informieren und daraus ersehen, daß die **Bodeneinflüsse** nicht bloß einen geringen, sondern **einen wirklich ernstzunehmenden, großen Anteil der Erkrankungsursachen** darstellen.

Auch die Zählungen in den folgenden Kapiteln umfassen genau jenes Material bis zur Untersuchung der Wohnung N = 1500.

18 Weinkrämpfe und Selbstmordgedanken

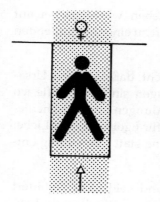

Frau H., eine ehemalige Schülerin, ist glücklich verheiratet. „Ohne Grund" wird sie jeden Abend stundenlang im Bett von Weinkrämpfen geplagt, von Angstträumen und ernsten Selbstmordgedanken gepeinigt.
Wirkung des „schiebenden" Wassers! Bettumstellung!
Acht Tage „Reaktionen" (einige Leute empfinden die Umstellung erst nach Tagen oder Wochen als wohltuend!), dann guter Schlaf und Wohlbefinden!

Brief: „. . . Ich kann nicht in Worte fassen, wie froh und glücklich ich jetzt bin!"

1087   Benommenheit nach dem Erwachen;

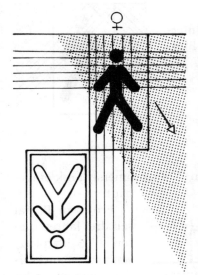

der Frau wird „schwarz vor den Augen!" („Blutleere im Kopf!") **Wirkung des „ziehenden" Wassers!**
Zu dieser Frau in Tirol bat mich ihr Hausarzt, nachdem er meinen Vortrag besucht hatte. Seit 20 Jahren bemühte er sich ohne viel Erfolg! Die Frau hatte ständig Kopfschmerzen, oft Herzschmerzen, ständig Bauchschmerzen, oft Erbrechen, arge Kreislaufstörungen, mehrere Operationen!

Acht Tage nach der Bettumstellung erhielt ich eine Karte: „. . . Es geht mir schon besser!"

81   Migräne

Seit 1½ Jahren in diesem Zimmer! Seither krank! ♂ gesundheitlich „sehr angegriffen", ♀ schwere Migräne und Schlaflosigkeit und viele andere Beschwerden.
Nach Bettumstellung trat rasche Besserung ein! (Brief!)

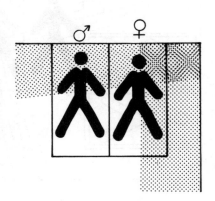

1354 Gehirnschlag,

**messerstichartige Schmerzen am Hinter-
haupt,** Migräne, Krämpfe, niederer Blutdruck, Herzbeklemmung . . .
Bettumstellung empfohlen!

787 Fernseher nahe beim Bett, im Wohnzimmerschrank einge-
baut!

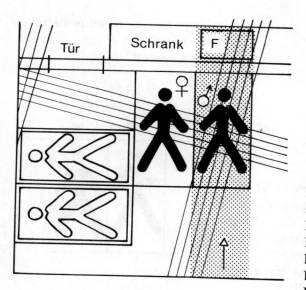

Professor P. hat
seit drei Jahren die-
sen Schlafplatz,
seither **Bauchlei-
den, trotz gesunder
Lebensweise
(Kneippianer . . .),**
seit ½ Jahr einen
Fernseher hinter
der Wand, genau
seither „**unaussteh-
liche**" **Kopf-
schmerzen** jede
Nacht! (Fernseher
hat auch Rückstrah-
lung! Vergleiche
Buch „Gesundes
Bauen . . .")

Sofort Bettumstellung! Brief nach zwei Wochen: „**Es geht mir ausgezeichnet! Ich habe keine Schmerzen mehr und fühle mich wohl . . .**"

1229 Junges Ehepaar in Salzburg, seit vier Jahren in dieser

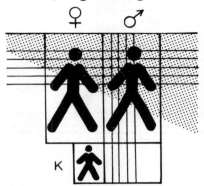

Wohnung, seither arge Beschwerden! ♂ **Schlaflosigkeit,** im Bett ein **Druckgefühl** auf der Brust, als ob eine Straßenwalze über ihn führe, **gußartiges Erbrechen** am Morgen, zerknülltes Leintuch, schwere Depressionen, **Nervenklinik**-Aufenthalt. Das **Kind** bleibt nie im Bett des Vaters, im eigenen Bett **weicht** es **aus.**
♀ Brustschmerzen (Knötchenbildung).

Sofortige Bettumstellung! Schlagartige Genesung!

1315 „Vier Nervenfachärzte konnten nicht helfen!"

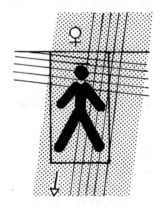

Diese Frau berichtet weiter: „Als junges Mädchen war ich immer gesund. Vor zehn Jahren heiratete ich, kam in dieses Haus und seither bin ich krank!
Angstträume, Müdigkeit, Nervosität, Zittern im Bett, **arge Kopfschmerzen, schwere Depressionen!** Vier Fachärzte konnten mir nicht helfen. Ich war schon ganz **verzweifelt** . . ., dann fuhr ich zum **prakt. Arzt Dr. Polzer nach Linz; dieser konnte mir schlagartig helfen!** Er riet mir sofortige Bettumstellung . . ., weil nur dann die Behandlung helfen könne . . ."

300 „Neurasthenie,

das heißt Nervenschwäche, das kam als Befund. Dabei hatte Herr N. aber **wahnsinnige Schmerzen! Er erbarmt mir so! Acht Fachärzte fanden keine eigentliche Krankheit!"**

Dies sagte mir ein herzensguter und tüchtiger **Landarzt!** Im Krankenurlaub lag Herr N. bei Tag auf dem Diwan, da waren die Schmerzen noch unerträglicher!
Nach Möbelumstellung sofortige Besserung!

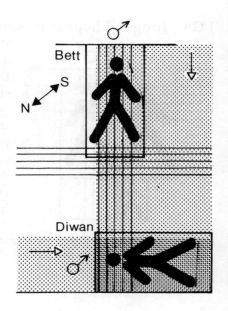

1140 „Es sei bloß Hysterie,

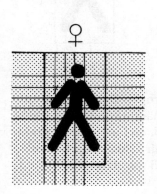

meint mein Mann, und darunter versteht er **Einbildung** und **Launenhaftigkeit"**, so beklagte sich eine Frau **in Kärnten,** „dabei habe ich **wirklich** immer arge **Schmerzen,** besonders im Bett".
„Ich habe ein Herz-, Gallen- und Nierenleiden, Gicht und Rheuma (Zähne gezogen!), ich hatte **Schilddrüsenerkrankung, Kropfoperation!** Wenn ich im anderen Zimmer schlafe, **verspüre ich eine große Erleichterung!"**
Bettumstellung empfohlen!

1438 c Zwei Tage bewußtlos lag Frau T. auf dem Boden ne- ben ihrem Bett! Sie wurde von ihrer Tochter aufgefunden und konnte noch gerettet werden.

Sie konnte sich an nichts erinnern. **Was war wohl die Schuld?**
Seit Einzug in diese Wohnung hatte sie Schlafstö- rungen und Mißbefinden! **Im 10. Stock,** genau oberhalb, hatte Herr Prof. G. sein Bett stehen. Er hatte seit Einzug in diese Wohnung ein **nervöses Magen- und Darmleiden.**

Nach Bettumstellung trat rasche Genesung ein!

894 Psychische Erregung

im höchsten Grade hat Frau **Clara in Argentinien.** Der **Arzt** bat mich zu dieser Frau. Sie ist sein **schwierigster Fall!**

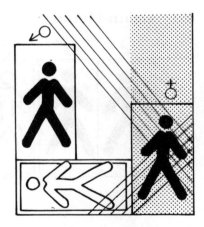

Seit 20 Jahren sind die Leute in dieser Hütte, seither ist die Frau schwer krank. In letzter Zeit „**schreit sie die ganze Nacht vor Schmerzen".**
Der Mann ist immer gesund. (Ärztliche Bestätigung liegt vor.)
Nach Bettumstellung: Beruhigung der Frau.

745 Warum kam es zur Ehescheidung?

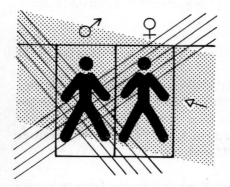

Der Arzt bat mich zu seinem schwierigsten Fall!
Die Frau sagte: „Mein Mann war **unausstehlich und aggressiv! Er ließ sich scheiden."** Ich habe **wahnsinnige Schmerzen** am ganzen Körper, auch **schwere Depressionen,** ein Kopfleiden und Nervenleiden."

In vielen Fällen von Ehezwist, Trunksucht, habe ich als tiefere Ursache die Störzonenkreuzung beobachtet.

491 Gehirnblutung

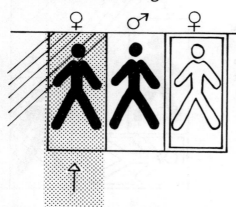

♂ gesund
♀ **jung gestorben!**
Der Mann berichtet: „Meine erste Frau war immer gesund! Bloß in der Nacht hatte sie immer Kopfschmerzen. Plötzlich bekam sie Gehirnblutung und nach acht Tagen war sie tot! **Auch meine zweite Frau hat in der Nacht immer Kopfschmerzen!"**
Nach Bettumstellung Genesung!

Wenn beim heutigen Stand der ärztlichen Kunst jemand jung stirbt, handelt es sich mit größter Wahrscheinlichkeit um starken Störzoneneinfluß!
Daher Wohnungsuntersuchung vor einer Wiederverehelichung!

1438 b Gehirnhautentzündung

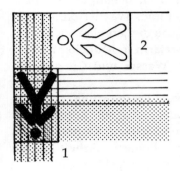

Eine junge Mutter, Krankenschwester von Beruf, berichtet:
„Mit zwei Jahren lag mein Kind auf dieser doppelten Kreuzung! 1 Es warf sich im Bett hin und her! Es bekam Gehirnhautentzündung, **doppelseitige Angina, doppelseitigen Mumps** und doppelseitige Lungenentzündung! Acht Wochen Krankenhausaufenthalt! **Zum Glück stellte ich damals das Bett des Kindes um. 2 Seither schläft das Kind ruhig und ist viel gesünder!"**

862 „Spastischer Schiefhals"

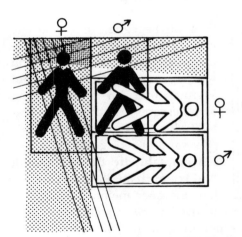

♀ Frau D. hat den **Kopf über doppelter Kreuzung!**
W × W × C × C
In solchen Fällen kann kein Arzt, kein Psychiater, kein Psychologe und keine Kur eine Heilung bringen! Frau D. selbst berichtet: „Ich habe **wahnsinnige Kopfschmerzen,** besonders in der Nacht . . ., **Ischias,** auch in der Nacht viel ärger, ich war bei vielen Ärzten, 40 Tage in der **Nervenklinik in Salzburg,** nur gegen Revers wurde ich entlassen, ich war an der **Univ.-Klinik in Wien,** da empfahl mir ein Arzt eine Kopf-Operation . . ."

440 **Psychiater vermutet Schuldgefühle** und ist sehr ungehalten, weil Frau N. behauptet, sie habe keine Schuldgefühle. Was ist dann wohl die tiefere Ursache der jahrelangen Krankheit dieser **Sekretärin** in **München?**

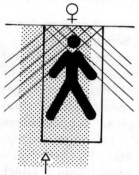

„Schiebendes" Wasser und Curry-Kreuzung!
Am Morgen totale Erschöpfung, stundenlang verschwollene Augen, Kopfschmerzen, große Vergeßlichkeit, **Depressionen,** Krämpfe, „tote" Finger. „**Arbeit wächst ihr über den Kopf",** vergeblich viele Ärzte aufgesucht, das Leiden verschlimmert sich . . .
Bettumstellung empfohlen!

121 **Viermal Kopfnervenentzündung**

Sehr oft begegnete mir eine alte Frau, fast jedesmal jammerte sie mir vor: „Heut' hab' ich schon wieder so **arge Kopfschmerzen!** Viermal war ich schon wegen Kopfnervenentzündung im Spital!" Sie lud mich ein . . . ♂ war an Krebs gestorben.
Ich empfahl die Bettumstellung und bot mich an, ihr dabei zu helfen. Sie aber meinte: „Nein, ich kann mich nicht entschließen. Wie tät das Zimmer ausschauen!" Nach ½ Jahr fragte ich: „Haben Sie schon umgestellt?" Sie sagte: „Nein! Eine Nachbarin hat gesagt: Das ist alles Unsinn!"
Wem nicht zu raten ist, dem ist auch nicht zu helfen!

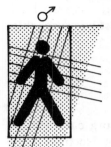

1496 Der Trunksucht verfiel so mancher erst, nachdem er auf der Störzonenkreuzung sein Bett stehen hatte und das dadurch entstandene ständige Mißbehagen betäuben wollte. Dies traf auch bei Herrn N. zu. Er starb an Kehlkopfkrebs.

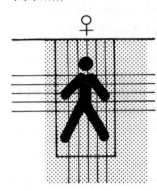

1484 Trigeminus-Neuralgie

1958 in „diese" Wohnung eingezogen und sofort schwer erkrankt, jeden Morgen Schmerzen „vom Kopf bis zu den Füßen", besonders beim Kreuz.
Dreimal Trigeminus-Neuralgie-Operation
1959 in Bad Ischl,
1960 in Innsbruck,
1963 in Graz.
Nach Bettumstellung zuerst geringe Erleichterung, später wesentliche Besserung, nahezu Heilung.

510 Krämpfe in den Beinen

hatte Frau R. jede Nacht! Schlafstörung, Zwölffingerdarmgeschwür, Thromphlebitis, **Bettumstellung!**
Vier Monate später berichtet Frau R. im Brief: **„. . . eine Wohltat, jede Nacht durchzuschlafen! . . . Seit dem Ortswechsel habe ich weder Schmerzen noch Krämpfe in den Beinen . . ."**

175

1254 Eine Krankenschwester berichtet: ,,Ich schlafe auf meinem neuen Schlafplatz, den Sie mir empfohlen haben, ausgezeichnet. Das Kältegefühl und das **Kribbeln in den Füßen ist wie weggeblasen!"**

987   Herr H. hat Multiple Sklerose

Frau H. in Salzburg bat mich um die Untersuchung. Nachher fragte ich: ,,In welchem Bett liegt Ihr Gatte?" Sie sagte: ,,In diesem", und zeigte dabei auf Bett II. Ich schaute verwundert drein. Daraufhin sagte sie: ,,Ja, erst seit 14 Tagen! Früher lag er **sieben Jahre lang im Bett I"** **Bettumstellung empfohlen!**

456   Der beste Arzt kann nicht helfen, solange der Patient auf doppelter Kreuzung liegt!

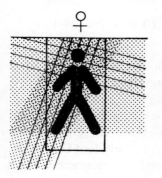

1. Frau hielt es nicht aus, ging weg, ließ sich **scheiden!**
2. Frau ist der **Verzweiflung nahe! Der Arzt bat mich um die Untersuchung!**
♀ Schwere Schlafstörungen, **,,wahnsinnige" Kopfschmerzen,** Nervenleiden **(Nervenklinik),** Herzleiden (starkes Herzklopfen im Bett!), Gallenleiden, **Nierensteine,** Wassersucht . . .
Sofortige Bettumstellung! Jetzt erst konnte auch der Arzt helfen!

Ein Blatt aus der großen Statistik:

Nervenleiden, Depressionen, Klinikaufenthalt

N	Index	Einflüsse			
111	1121		W	C × C	sehr oft verzagt
112	1137		W × W	C × C	sehr verzagt im Bett, „möchte davonlaufen"
113	1137 c			C × C	**Nervenklinik**
114	1140		W	C × C	angeblich „**hysterisch**"
115	1144		W	C × C	ganz verzagt
116	1148 b			C × C	Nervosität
117	1150		schieb. W	C	gr. Schwermut, ernste **Selbstmordabsichten**
118	1156	K^{10}	W	C × C	Angstzustände, Zittern und Weinen
119	1177		W × W	C	Nervosität, Depressionen
120	1178		W × W	C	Nervenleiden, Depressionen

Zusammenfassende Statistik der Arbeiten bis Nr. 1500 für die Neurologie:
Bodeneinfluß bei **349 Personen mit schweren Schlafstörungen und Angstträumen** und bei **289 Personen mit Kopfschmerzen,** auch mit **schwersten Gehirnerkrankungen.**
Einige Personen machten nähere Angaben:
9: Migräne
14: Benommenheit und Schwindel am Morgen
3: Messerstichartige Schmerzen am Hinterkopf
2: Kopfnervenentzündung
13: Stirnhöhleneiterung
9: Gehirnhautentzündung

1: Gehirnentzündung
15: Gehirnkrämpfe und epilepsieähnliche Anfälle
1: Trigeminusneuralgie
2: ,,Blutschwamm"
4: Kopftumor

Bodeneinfluß bei **232 Personen mit Nerven- und Gemütskrankheiten,** wie ,,Nervosität", ,,Nervenschwäche", Krämpfe, Nervenentzündungen, Zittern, Schüttellähmung (6), Mißmut, Gereiztheit und Streitsucht, Angstzustände (Flucht!), Weinkrämpfe, Schwermut, Depressionen (124) (bis zur Verzweiflung und bis zum Selbstmord [4]).

Bodeneinfluß bei **122 Personen mit Krämpfen in Armen und Händen, in Beinen und Füßen** (auch Krampfadern, Venenentzündungen, offenen Beinen und Füßen [9], Thrombosen, Raucherbein).

Bodeneinfluß bei **23 Personen,** welche mir berichteten, daß sie zur **Untersuchung oder Behandlung** in die **Nervenklinik** mußten, besonders starker Bodeneinfluß bei **144 Schwerstleidenden mit totaler Erschöpfung,** welche bei keinem Arzt Heilung finden konnten! **Über doppelter Kreuzung** (W × W + C × C) hatten 33 Personen ihren Bettplatz. Sie fanden weder durch die Hilfe des Arztes, noch des Psychiaters, noch des Psychologen eine Genesung!
Erst nachdem sie einen strahlungsfreien Platz eingenommen hatten, konnte die ärztliche Hilfe wirksam werden!
Von **Erschöpfung, besonders am Morgen,** berichteten 238 Leidende, welche ihren Bettplatz über Störzonen hatten.

902 Missionsbischof José C. Rosenhammer ♂

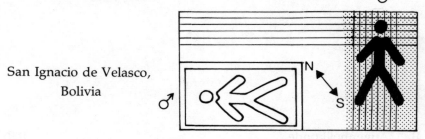

San Ignacio de Velasco,
Bolivia

Kopf im Bereich einer **erdmagnetischen Kreuzung** und einer Wasserader, schon seit vielen Jahren: **Schweres Augenleiden,** fast erblindet (viele Operationen); Nasenleiden, Blutfurunkel am Kinn, chron. Bronchitis. Bischof Rosenhammer schrieb mir schon nach kurzer Zeit: Ich fühle mich seit der Bettumstellung viel wohler, das Augenleiden bessert sich und ich bin sehr dankbar für den guten Rat, den ich von Fr. Käthe Bachler empfangen habe.

José C. Rosenhammer

259 „Ständig hohes Fieber, 39 bis 40 Grad, und immer wieder Angina hat die kleine Veronika, 16 Monate alt!"

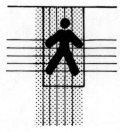

Und weiter berichtet Herr Medizinalrat **Dr. Christian Schaber: „Jede Woche werde ich geholt. Kein Medikament hilft!** Ich wies das Kind ins Krankenhaus ein. Sofort verschwand das Fieber! Die Ärzte meinten, das Medikament hätte geholfen. Nach der Entlassung mußte ich das Medikament weiter verabreichen. Doch daheim hatte es keine Wirkung! **Das Fieber war sofort wieder vorhanden!"** Der Arzt nahm mich ins Haus mit.
Bettumstellung! Fieber verschwand! Rasche Heilung!

180

1213   Nasen-Karzinom-Operation

hatte Herr N., Innsbruck,
vor zehn Jahren.

Weil er in seinem Bett nie schlafen konnte,
schläft er seit der Operation **in einem anderen Zimmer.** Er hatte Glück: Dieser Platz ist
unbestrahlt. **Herr N. konnte genesen!**

801   Chronisch gefährliches Nasenbluten,

deshalb mußte die Hauptschülerin K. öfters
ins Spital gebracht werden.
Nach Bettumstellung baldige Genesung!

327   Zahneiterung seit Einzug ins neue Haus vor 1½ Jahren!
W × C   Nach Bettumstellung Genesung!

1325   Solch arge Verkrampfungen

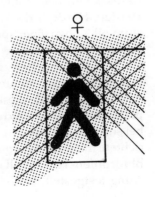

im Bereich des Kopfes, des Halses und der
Schultern hatte Frau M., Innsbruck, daß
sich sogar das **Kiefer verschoben** hat, so
daß die Kauflächen der Zähne nicht mehr
zusammenpaßten. Auch schwere **Angstträume!** Diese Beschwerden erst seit drei
Jahren, seit Einzug in diese Wohnung!
Seit Bettumstellung besserer Schlaf und
besseres Befinden!

2386 bis 2399   Herd-Patienten

„Herde" können in den verschiedensten Organen stecken, besonders häufig an Zahnwurzeln und in Kieferhöhlen.

Dr. Alexander R o s s a i n t , Facharzt für Zahnheilkunde, Aachen, wendet bei der Herdsuche die neuesten Methoden an, wie Elektroakupunktur und Blut-Test. Nachdem er mein Buch gelesen hatte, vermutete er bei diesen Herdpatienten, bei denen bisher keine richtige Heilung erreicht werden konnte, den Einfluß des Curry-Netzes. Daraufhin führte er bei diesen Patienten den Bluttropfen-Test durch (nach Dr. med. Aschoff: „Elektromagnetischer Blut-Test"), der zur Feststellung des Einflusses geopathischer Reizzonen dient. Gleichzeitig bat er mich um die Wohnungsuntersuchung bei diesen Personen, sagte mir aber nichts von seinen Untersuchungsergebnissen.

Dr. Rossaint schreibt mir im Brief sehr treffend und verständlich über das „**Herd-Geschehen**": „. . . Herde setzen einen Dauerreiz in das Grundgewebe des Körpers – so fand und definierte es Prof. Pischinger, Wien – und verändern es schwerwiegend. Bei chronischen Krankheiten ist immer an zusätzliche Herdbelastungen außerhalb des eigentlichen Krankheitsgeschehnisses zu denken. Chronische Krankheiten begünstigen ihrerseits wiederum die Entstehung von Herden. Herde wirken als Therapiebremse, daher ist es in jedem Fall sinnvoll, neben einer spezifischen Therapie einer Krankheit eine konsequente Herdtherapie durchzuführen . . ."

Dr. Rossaint begleitete mich in die Wohnung dieser besonders schwer belasteten Herdpatienten und sah mir bei der Arbeit zu. Er staunte, daß tatsächlich alle diese Patienten – **ohne Ausnahme** – **beim Schlafplatz eine Störzonenkreuzung** hatten (der Arbeitsplatz wurde bloß bei solchen untersucht, die dort Mißbefinden verspürten) und er berichtete mir jetzt erst voll Freude über den Erfolg, daß auch er mit dem Bluttropfen-Test bei all diesen Herdpatienten die geopathische Belastung festgestellt hatte.

182

Zusammenfassung der Arbeiten vom 21. bis 25. Mai 1978:

Prot.-Nr.	Herdpatient	Aussagen der Leute	Geopath. Einflüsse	
			Schlafplatz	**Arbeitsplatz**
2386	Herr C.	„Schwerstkrank, vegetativ gestört, vor 5 Jahren mit diesem Arbeitsplatz begann die Störung!"	W×C	W×C
2387	Frau M.	„Schwerstkrank, kein Arzt kann helfen!"	W×W×C×C	
2388	Frau W.	„Schwerkrank"	W×C×C	
2389	Frau H.	„Leidend"	W×C	
2391	Frau Ph.	„Ständig erschöpft"	W×C×C	
2392	Herr G.	„Verschiedene Beschwerden"	W×C×C	W×C×C
2395	Frau N.	„Schwerstes Nervenleiden, totale Erschöpfung, organisch gesund! . . . Gab 15.000 DM für die Behandlung aus . . ."	W×C×C	
2397	Herr Dr. med.dent.C.	„Schwerstes Herzleiden seit vielen Jahren, bes. arge Beschwerden im Bett!"	W×C×C	
2398	Frau V.	„Depressionen, ständige Müdigkeit"	W×C×C	
2399	Frau Dr. med. G.	„Schwindel, Herzpicken im Bett!"	W×W×C	

Drei Wochen später erhielt ich von Dr. Rossaint bereits Erfolgsmeldungen: „. . . teilweise 100 Prozent, . . . teilweise 50 Prozent" (z. B. bei Nr. 2397, und in dieser kurzen Zeit! **Dieser kranke Zahnarzt** hatte mir gesagt: „Kein Kollege konnte mir bisher helfen! Einer hätte mir zu einer kostspieligen Herzoperation um 50.000 DM geraten, aber ohne Gewähr auf Erfolg!"). Erst dem fortschrittlichen Arzt Dr. Rossaint war es jetzt gelungen, seinem Kollegen zu helfen, weil er vorher die Hauptursache ausgeschaltet hatte! In einem Brief schrieb er mir: „. . . Sie haben uns mit Ihrer Fühligkeit einen so schwierigen Stoff nahegebracht, dessen Wichtigkeit ich bei jeder Elektroakupunktur-Untersuchung finde. Sie haben ja auch bei Ihren Wohnungsuntersuchungen meiner Herdpatienten jeweils schwere Belastungen geopathischer Natur gefunden. **Somit besteht völlige Übereinstimmung zwischen zwei voneinander unabhängigen Untersuchungsmethoden.** Gerade bei Herd-Patienten ist die Beseitigung dieses Streßfaktors eine conditio sine qua non (d. h. Vorbedingung) für den Heilungserfolg! . . ."

59   Zungenkrebs

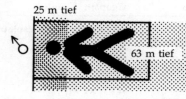

Frau N., Salzburg, bat mich in ein leerstehendes Zimmer und fragte: „Gibt es hier einen gefährlichen Platz?" Ich untersuchte und gab die **„Wasserkreuzung"** an. Sofort sagte sie: „Genau dort stand das Bett meines Mannes. Er ist an Zungenkrebs gestorben!"

Die Beobachtung zeigt, daß sich kreuzende Wasseradern mit **großem Tiefenunterschied** an diesem Kreuzungspunkt (Blitzeinschlagstelle!) besonders stark wirksam sind!

1358   Hautkrebs an der linken Schläfe!

Herr Ing. N. liegt auf dem Rücken! **Randzonen** eines „Baches" sind oft **besonders wirksam.** Operation! Bettumstellung empfohlen!

1260 b   Knochenkrebs, ♂ im 45. Lebensjahr gestorben

Doppelte Kreuzung! Der Sohn berichtet: **„Vater hat nicht getrunken und nicht geraucht** und war trotzdem immer schwer leidend! Er mußte immer wieder ins Spital, weil er es **daheim im Bett nicht aushielt.** Magenoperation, Bettlägerigkeit, Knochenkrebs. 13 Jahre nach Einzug in dieses Zimmer gestorben!"

218 Knocheneiterung seit ein paar Jahren hatte ein **Kind in Wien,** sechs Jahre alt.

Nach Bettumstellung rasche Genesung.

1096 Drei Generationen sind schwerstleidend!

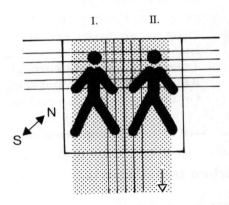

Familie in **Osttirol** wohnt in einem **feuchten Haus** am Fuß des Berges.
Bett I: Tochter: Chron. Gehirnhautentzündung, chron. Bronchitis . . . **Großmutter: Sechs Jahre lang auf der linken Seite gelähmt!**
Bett II: Mutter: Gallenleiden, Amöben-Ruhr, chron. Zwölffingerdarmgeschwür, Gastritis, Anämie, **Bauchspeicheldrüsen-Gewächs, Knochen-Tbc in der Wirbelsäule . . . Großvater:** Sechs Jahre lang bettlägerig, an **Magenkrebs gestorben. Bettumstellung empfohlen! Kontaktaufnahme mit den Ärzten!**

1108 Lungen-Tbc

Zehn Jahre ohne Heilung! Zweimaliger Aufenthalt in der Lungenheilstätte!
Erst nach Bettumstellung war Heilung möglich! (Brief.)

286 An Lungenkrebs starben drei Generationen im gleichen Bett!

Frau H. fragte: „Meinen Sie wirklich, daß Wasseradern schuld am frühen Tod meines Mannes sein konnten?"

„Ja, ich nehme mit Sicherheit an, daß eine Störzonenkreuzung die Hauptschuld trug, wenn er an Krebs gestorben ist."

Tatsache: **Wasserkreuzung!**
Bauer H., sein **Vater** und sein **Großvater** waren in diesem Bett früh an **Lungenkrebs gestorben.**

♀ Frau H. schweres **Gallenleiden! Nach Bettumstellung Besserung!**

889 Bei den Wolga-Deutschen in Südamerika

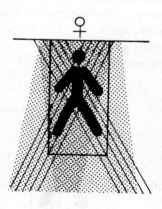

Im Kloster Santa Anita wurde **jede Schwester** in diesem Bett **nach kurzer Zeit schwer krank!** (Doppelte Kreuzung!!) Lunge, Leber, Rippenfell, Rheuma, Deformierung der Finger, Herzleiden, Angina, Stirnhöhleneiterung . . . Mehrere kamen zur **Operation** ins Krankenhaus und dann in ein anderes Kloster . . . Dort konnten sie genesen.

Nach Bettumstellung hatte Schwester N. am Morgen erstmals keine Kreuzschmerzen!

934 Totale Digitalisvergiftung erlitt meine liebe Schwester

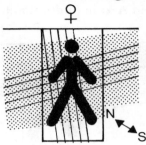

Barbara Sr. Emerentiana in Südamerika. Sie war Krankenschwester im SOS-Kinderdorf in Cochabamba, Bolivien. Der Arzt ahnte nicht, warum kein Medikament half! Schweres Herzleiden, **eitrige Gürtelrose,** schweres Leber- und Nierenleiden! Bei ihr kam meine Hilfe leider zu spät!

1214 Starkes Herzklopfen im Bett!

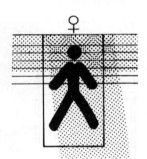

Schlafstörung, Schwermut, Nervosität, Gebärmutter-Polyp, **Bettumstellung!**
Schon nach einer Woche kam eine Dankkarte: **„Schlagartig von den Herzbeschwerden befreit!"**

1106 Tot aufgefunden wurde unerwartet am Morgen in seinem Bett Herr Dr. E.

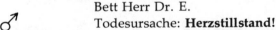

Todesursache: **Herzstillstand!**
Erst seit zwei Jahren lag er in diesem Bett! Sein **Vorgänger,** Herr Dr. A., hatte in diesem Bett auch viele Krankheiten durchgemacht: Lungenentzündungen, Abszesse, Gallenleiden, **schwere Zuckerkrankheit.**
Sein Nachfolger ließ die Wohnung beim Einzug untersuchen und **stellte das Bett auf strahlungsfreien Platz! Er ist gesund!**

1443 „Crux medicorum" (d. h. „Kreuz der Ärzte"); zu diesem
Patienten nahm mich ein **Arzt in Südtirol** mit.

Er vermutete Störzoneneinfluß, weil er
der **Angina pectoris** und den **cerebralen
Kreislaufstörungen** mit nichts beikom-
men konnte! Bei Tag saß der Patient auf
dem **Diwan** im Hause der Tochter.
Also war er fast ununterbro-
chen den „Kreuzungen"
ausgesetzt!

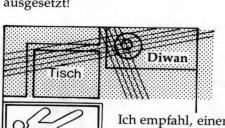

Ich empfahl, einen Lehnstuhl anzuschaffen, diesen auf den „guten" Platz zu stellen und den
Diwan nicht mehr zu benützen.

Brief des Arztes nach drei Monaten: **„Die Umlagerung war 100pro-
zentig erfolgreich!"**

778 Brustkrebs-Operation
hatte Frau L. in Salzburg.

Nieren-Koliken, Bandscheibenoperation!
Mutter in diesem Bett gelegen, an **Herzinfarkt gestorben.** Arzt bat mich um die Untersuchung. Arzt teilte mir mit, daß Frau L.
nach Bettumstellung bald genesen sei.

714 „Sogar mein Blutsenkungsbefund wurde (zur Freude meiner Ärztin!) völlig normal!

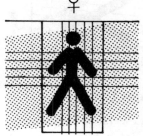

Ich bin sooo froh! . . ." Dies schrieb mir die Journalistin, Frau Dr. N., 1/2 Jahr nach der **Bettumstellung!** Vorher hatte sie ständig Bauchschmerzen, arge Depressionen und **ständiges Frieren** im Bett. **Jetzt empfindet sie Wärme.**

548 „Das richtige Medikament endlich gefunden!?"

Der Arzt meint so. Er hat noch keine Kenntnis von der Radiästhesie! Er weiß nicht, warum „jetzt erst" (nach der Bettrückstellung!) das Medikament wirken konnte!

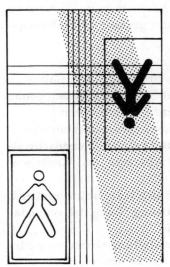

Sonja, 4 Jahre, liegt seit 1 1/2 Jahren auf einer Störzonenkreuzung, **seither ständig schwer krank!** „Darminfektionen", Mittelohrentzündung, Appetitlosigkeit . . . Kein Medikament hilft!

Empfehlung zur Bettumstellung! Sofort hieß es: „Dort stand das Bett während der ersten drei Lebensjahre! Damals war Sonja immer gesund!" sofortige Genesung nach Bettrückstellung!

878 An Blutkrebs starb

bereits **mit 16 Jahren** der einzige Sohn
eines wolgadeutschen Farmers in der
Nähe von Buenos Aires, Argentinien.
Er war auf einer Störzonenkreuzung gelegen!

1397 „Ernstlich gefährdet" – nach dem Urteil von drei Ärzten

„Es sind nun 1½ Jahre vergangen,
seit ich Ihren Rat befolgte und mit
meiner Schlafstätte den von Ihnen
festgestellten Störzonen ausgewichen bin. Als ich Sie damals im Mai
1974 um Ihre Hilfe bat, war **meine
Gesundheit nach dem Urteil von drei
Ärzten ernstlich gefährdet, ich war kaum arbeitsfähig** und hatte **dauernd arge Magenschmerzen.** Nach Befolgung Ihrer Ratschläge und
homöopathischer ärztlicher Behandlung hat sich mein Zustand so
weit gebessert, daß ich mich **seither wieder gesund und leistungsfähig fühle . . ."**

565 An Magenkrebs starb Vater L.,

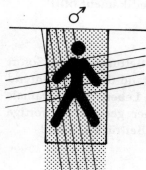

drei Jahre nach Einzug in
dieses Haus! Der **Sohn** hat sein Bett genau
unterhalb, im Erdgeschoß stehen.
Seit Einzug in dieses Haus hat er ein schweres **Magenleiden, Lymphdrüsenanschwel-
lung, „überall" Abszesse . . .! Knötchenbildung!**
Ärzte bemühten sich jahrelang vergebens!
„Durchuntersuchung" im Spital, ohne das
erhoffte Ergebnis.
Erst nach Bettumstellung wirkten die Medikamente und trat **Genesung** ein!

762 Galle erbrochen

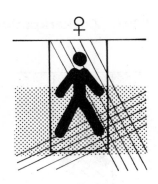

hat jede Nacht Frau I. **Großmutter** ihres Gatten war im gleichen Bett an **Krebs gestorben. Nach Bettumstellung schnelle Genesung** der Frau I.

1367 Gallenblasen-Operation

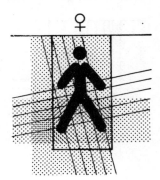

hatte die **Ärztin** Frau Dr. med. H. Seit dieser Schlafstelle ist sie leidend! Schmerzen und Angstzustände im Bett! (Doppelte Kreuzung!) Überall sonst schläft sie besser! **Sofortiger Schlafplatzwechsel! Erste Nacht schon gut geschlafen!**
Sie sagte: ,,Ich verstehe nicht, warum **die Schulmedizin** die Radiästhesie noch nicht anerkennt! Mir kommt vor, sie **sollte froh sein für die Hilfe!''**

56 Leberkrebs

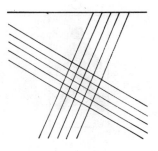

Auf meine Bemerkung hin – ,,Gut, daß hier über der Kreuzung kein Bett steht'' – bekam ich als Antwort: ,,Genau hier hatte der Vorbesitzer sein Bett stehen!''
Er starb an Leberkrebs!

1395 Zuckerkrankheit

Seit Jahren hat ein **katholischer Pfarrer** Schlafstörungen und eine angegriffene Gesundheit. **Bettumstellung!** Nach 2½ Monaten schrieb er: **„Ich schlafe jetzt besser und meine Zuckerkrankheit läßt nach . . ., eine große Wohltat! . . .“**

194 Nierenblutungen

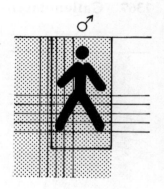

hatte dieser **junge Mann** (20 Jahre); auch Schlafstörungen, Erkältungen und Mißbefinden. W × C × C! Dann Bettumstellung! Auf dem **neuen Schlafplatz guter Schlaf, Genesung, Wohlbefinden.**

15 An Nierenkrebs

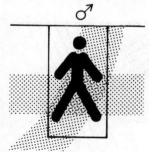

starb mein lieber **Schwager** allzufrüh! Er hatte einen **zweifaustgroßen Tumor!** Dieser Kreuzungspunkt von zwei Wasseradern mit 30 Meter Tiefenunterschied war auch eine Blitzeinschlagstelle!

138 Herr N. hatte **Blasenkrebs.** Er schlief über „**Curry-Kreuzung" und Wasserader.** Er war schon im „Letzten Stadium". Daher brachte die Bettumstellung nur eine **Erleichterung.**

1238 Vegetative Dystonie

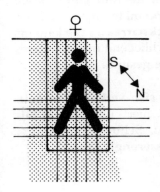

Angstzustände, Herzklopfen im Bett, **Bandscheibenleiden,** in der Frühe große Müdigkeit, oft **Halsschmerzen, Schwangerschaftsnierenleiden mit Fehlgeburt,** . . .
Bettumstellung!
Nach acht Wochen kam ein Brief:
„. . . Habe lange gebraucht, bis ich eine Besserung verspürt habe. **Jetzt fühle ich mich viel besser, bin nimmer so müde, habe noch nie Halsweh gehabt. Bin richtig erholt . . ."** Auffallend besseres Aussehen!

1371 Dickdarm-Operation

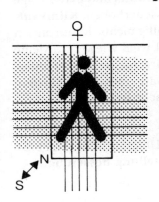

Seit vielen Jahren arge Bauchschmerzen. Vor 2½ Jahren Entfernung von 40 Zentimeter Dickdarm. Weiterhin Schmerzen und Beschwerden im Bauch und großer Schlafmangel. **Bettumstellung!**
Sofort guter Schlaf und Aufhören der Bauchschmerzen und viel besseres Allgemeinbefinden.

1458 ,,Krebsbett" in einem Kloster in Österreich!

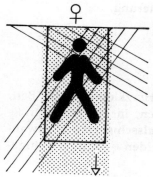

1. Schw. M. – **Brustkrebs**-Operation. Sie kam sofort hernach **in ein anderes Zimmer und wurde gesund.**

2. Schw. F. bekam für fünf Jahre diesen Bettplatz. Sie erkrankte bald schwer: **Kopfleiden, Genickstarre** . . . Sie kam ins Krankenhaus; anschließend **in ein anderes Kloster und wurde gesund.**

3. **Schw. N. legte sich verkehrt ins Bett.** Seit zwölf Jahren ,,hier" und **schwer leidend: ,,Dreimal Mastdarmkrebs-Operation,** Schuppenflechte . . . **Bettumstellung durchgeführt! Sofortige Besserung!"** (Karte)

1356 Schwägerin eines namhaften Primars in Wien
schrieb mir folgenden Brief:

,,. . . Seit über fünf Jahren leide ich an einer **Kolitis** und in der Folge an Kreislauf- und Nervenstörungen. Trotz wiederholtem **Klinikaufenthalt** ändert sich an den Zuständen nachhaltig nichts. Kaum bin ich **zu Hause, ist es wieder dasselbe.** Niemand weiß wieso . . . Meine Bitte geht nun dahin, ob es Ihnen möglich wäre, mein Haus zu unter-

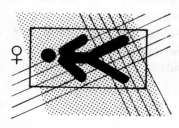

suchen. Mir wäre unendlich geholfen, wenn die Ursache festgestellt würde . . ."

Dies war das Untersuchungsergebnis: **Nach Bettumstellung Besserung!**

899   Krankenhaus in El Chochis, Bolivien (Maßstab 1:100)

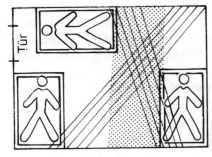

Patienten bekommen „strahlungsfreie" Bettplätze, damit sie schnell genesen können, damit es nicht einmal heißt: **„Operation gut gelungen,** aber später traten **,unerklärlicherweise' Komplikationen** (z. B. Nachblutungen) auf!"

1136 c   Eingeweidewürmer,

trotz größter Hygiene, hatte in jenen Jahren über der Kreuzung Frau N. in Salzburg. Außerdem Darmkrebsverdacht . . .
Nach Bettumstellung Genesung!

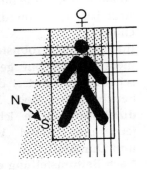

1251   Heftige Regel-Krämpfe

und Schmerzen hatte schon seit Jahren die Siebzehnjährige; auch ständig Verdauungsschwierigkeiten und Entzündungen.
Bettumstellung! Nachricht nach vier Wochen: **„Bei der Regel überhaupt keine Schmerzen mehr gehabt!"**

1213 Kinderlosigkeit

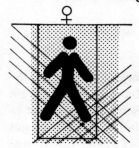

Zehn Jahre blieb die Ehe kinderlos. Frau hatte Krämpfe und Bauchleiden. Erst außerhalb dieser Wohnung, im Urlaub, auf der **Insel Rhodos** konnte das **Wunschkind empfangen** werden! . . . Milzanschwellung, Nieren außer Funktion . . .
Bettumstellung! Besserung!

499 **Zysten** an beiden Eierstöcken hatte Frau A.; auch **starke Anämie** und starke Blutungen. Ihr

Arzt bat mich um die Untersuchung.

Ihr Mann, ein **robuster Arbeiter,** meinte: ,,Ich bin gesund." Ich schaute verwundert drein. Dann berichtete er: ,,Doch, **Blinddarmdurchbruch** hatte ich . . ., und jetzt abwechselnd **Verstopfung und Durchfall.**"

Nach Bettumstellung erfuhren beide Genesung!

624 Ovarial-Carzinom

Frau L. in **München** war seit Einzug in diese Wohnung krank! Krebs-Operation . . ., **Tod!**
Brief des Witwers: ,, . . . Stellen Sie sich vor, einem Buben (unterhalb!), 14 Jahre alt, wurde **ein Knoten aus der Brust entfernt!** . . ."

281 In Linz: 1. Frau: **Blutkrebs,** jung gestorben

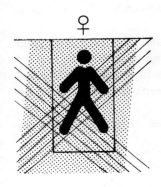

2. Frau, im gleichen Bett,

Schwangerschaftsnierenleiden,
ständig Kopf- und Kreuzschmerzen.

Kind starb vier Tage nach der Geburt;

Sofort den Tischler bestellt! Bettumstellung! Genesung! (Brief.)

1071 Abmagerung zum Skelett, zweimal Fehlgeburt, Kinderlosigkeit

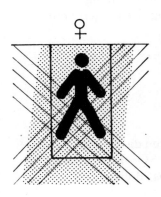

hatte eine vollsensible Frau in **Italien.** Als junges Mädchen war sie sehr gesund. Seit zehn Jahren verheiratet; seither schwer leidend. Wenn sie sich ins Bett legt, beginnen **sofort ziehende Schmerzen** im Kreuz, im Rücken, im Bauch, auch Krämpfe . . .

Sie nahm Zuflucht zu vielen Ärzten, auch an der **Univ.-Klinik in Innsbruck** . . .

Ihr Arzt bat mich, nach Italien zu fahren, weil er Störzoneneinfluß vermutete.

Bettumstellung! Sofort besseres Befinden. Zunahme von neun Kilogramm im ersten Monat!

583 „Vater und Mutter starben früh, beide an Krebs"

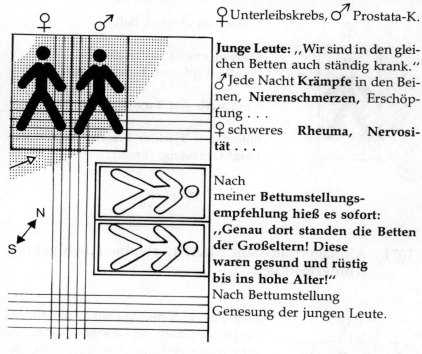

♀Unterleibskrebs, ♂ Prostata-K.

Junge Leute: „Wir sind in den gleichen Betten auch ständig krank."
♂ Jede Nacht **Krämpfe** in den Beinen, **Nierenschmerzen**, Erschöpfung . . .
♀ schweres **Rheuma, Nervosität** . . .

Nach meiner **Bettumstellungsempfehlung** hieß es sofort:
„**Genau dort standen die Betten der Großeltern! Diese waren gesund und rüstig bis ins hohe Alter!"**
Nach Bettumstellung Genesung der jungen Leute.

942 Gicht und Rheuma

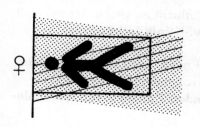

hat seit Jahren die Leiterin des österreichischen SOS-Kinderdorfes in Cochabamba, Bolivien.

Bettumstellung! Baldige Genesung!
(Brief!)

490 **Geschwollenes Knie** hatte der Bauer Sch.

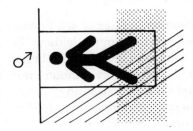

„ganz von selber",
„über die Nacht" bekommen!
So meinte er.

Bettumstellung; schlagartige Heilung!

729 **Ischias;** seit vier Jahren hat der **evangelische Pfarrer** diesen Bettplatz.

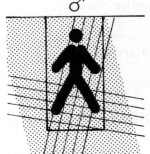

Seither **Schlafstörung,** angegriffene Nerven, Kreuzschmerzen, Ischias und **Erschöpfung.** Kein Arzt findet die Ursache.

Klinikaufenthalt zur **Durchuntersuchung . . . ohne den gewünschten Erfolg . . .**

Bettumstellung! Rasche Genesung! (Brief!)

1304 **Ischiasanfälle**

Herzleiden, Kreuzschmerzen hatte **ein Arzt** in S.
Bettumstellung! Seither besseres Befinden! Seither hatte er keinen Ischiasanfall!

1276 ♂ Arthritis, Spondylose

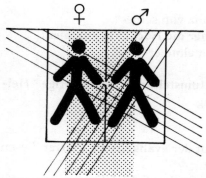

Ein Beamter in **Graz** ist seit Einzug in dieses Schlafzimmer leidend! Er liegt immer auf dem Rücken. Er hat viele Leiden, aber **immer nur rechts!** Ohrenentzündung, Zahnschmerzen, Krampfzustände, Leber- und Gallenleiden.

So lokal wirken meist die Störzoneneinflüsse! Auf der rechten Seite **doppelter** Einfluß.

♀**Migräne,** Depressionen, Würgegefühl, Herzbeklemmung! **Nach Bettplatzwechsel baldige Besserung!** (Karte)

749 Zwei Krücken und einen Rollwagen brauchte Frau
St., weil sie „fast gelähmt" war!

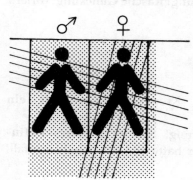

Sie berichtet: „Acht Tage nach der Hochzeit begann mein Leiden mit einer **Knieentzündung.** Dann bekam ich Rheuma . . . Ich habe viel gelitten in den 29 Jahren.

Mein **Mann** war auch immer leidend, **Herz und Lunge,** und **starb früh!** Jetzt liegt unsere **Tochter** in seinem Bett und hat auch bereits **Rheuma."**
Sofortige Bettumstellung!
Brief: „**Für jede von uns ist eine Besserung eingetreten . . .**"

1190 Totale Lähmung

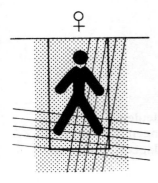

Frau N. in **Innsbruck** war in diesem Bett schwer leidend und die **letzten vier Jahre** total gelähmt. Nach ihrem Tod legte sich die **Tochter** in dieses Bett, war auch leidend.

Myom im Bauch! Operation 1973.

Bettumstellung!

Telefonanruf: „**Schon in der ersten Nacht schlief ich besser und fühlte mich im Bett wohler und wärmer!**"

Zusammenfassende Statistiken (Zählungen) der Arbeiten bis Nr. 1500:

B Bodeneinfluß bei
29 Personen mit Augenleiden,
wie verschwollenen Augen am Morgen, Entzündungen, nervöses Augenzwinkern, Flimmern vor den Augen beim Erwachen, Netzhautabhebung (5) und Erblindung (3)

C Bodeneinfluß bei
123 Personen mit Hals-, Nasen- und Ohrenleiden
Folgende Personen machten nähere Angaben:
57: chronische oder eitrige Mandelentzündung mit hohem Fieber
10: Mandeloperation
 4: Mandelabszeß
 6: chron. Heiserkeit
 3: Würgegefühl
 2: Kehlkopfkrebs
16: chron. Nasenentzündungen (Schnupfen)
 3: „gefährliches" Nasenbluten
 1: Operation der Nase

1: Nasenkrebs
9: Ohrenleiden
10: Mittelohrentzündung, auch eitrige
2: Ohrensausen
8: Drüsenschwellungen
2: Wucherungen

D   Bodeneinfluß bei
41 Personen mit Zahn-, Mund- und Kieferleiden,
wie Entzündungen, Zahn- und Kiefereiterungen, Kieferkrampf, Zysten, Neuralgien, Zungenkrebs (2), Zähneklappern im Schlaf

E   Bodeneinfluß bei
14 Personen mit Hautkrankheiten,
wie Gesichts- und Gürtelrose, Ekzem, Schuppenflechte, Hautkrebs
(5)

F   Bodeneinfluß bei
8 Personen mit Knochenkrankheiten
Knocheneiterungen, Knochen-Tbc, Knochenkrebs (2),
bei 33 Personen mit Genick-, Schulter- und Rückenschmerzen,
bei 23 Personen mit Bandscheiben- und Wirbelsäulenerkrankung,
bei **113 Personen mit Kreuzschmerzen**

Bei bisher allen Personen (12), bei denen Wunden oder Knochenbrüche monate- und jahrelang nicht heilten, konnte Bodeneinfluß festgestellt werden.

G   Bodeneinfluß bei
76 Personen mit Bronchial- und Lungenkrankheiten,
wie chronischen Entzündungen, Blähungen, Tbc (20), Embolie (2)
und Lungenkrebs (16)

H   Bodeneinfluß bei
internen Krankheiten:

18 Personen mit Schilddrüsenerkrankung
(auch Über- und Unterfunktion)
29 Personen mit Asthma
171 Personen mit Herz- und Kreislaufkrankheiten,
wie Schwäche, Herzklopfen im Bett, Krampf, Beklemmung, Entzündung, Kollaps und **Infarkt (30 Fälle!)**
52 Personen mit Blutkrankheiten,
wie ständig zu hohem oder zu niederem Blutdruck, Anämie und Blutkrebs (6)
27 Personen mit Brusterkrankung,
auch Krebs (20!)
84 Personen mit Magenkrankheiten,
wie Appetitlosigkeit, Übelkeit, Erbrechen, Entzündung, Geschwür (6!) und Krebs (10!)
67 Personen mit Darmkrankheiten,
wie Entzündung, Geschwür (6), Wucherung, Blinddarmentzündung (12), chronische Verstopfung (16), Eingeweidewürmer, Darmverschluß (5) und Krebs (9)
22 Personen mit Bauchspeicheldrüsenerkrankung,
wie Entzündung, Krebs (5) und Zuckerkrankheit (11)
58 Personen mit Gallenleiden,
wie Entzündung, Erbrechen der Galle, Steinbildung und Koliken
45 Personen mit Leberleiden,
wie Gelbsucht, Leberschwellung, Leberschaden und Krebs (10)
24 Personen mit ständigem Frieren im Bett
8 Personen mit Schweißausbrüchen im Bett
5 Kinder mit jahrelanger Entwicklungshemmung
8 Personen mit plötzlich großer Gewichtsabnahme (bis zu 20 Kilogramm in vier Wochen!)

I Urologie:
Bodeneinfluß bei
67 Personen mit Nierenerkrankungen,
wie Entzündung, Blutung, Eiterung, Steinbildung, Kolik
und Krebs (4)
36 Personen mit Blasenleiden,
wie Blasenschwäche (,,Bettnässer'': 24), Entzündung, Steinbildung
und Krebs (1)
11 Personen mit Prostataleiden (davon 3 Krebs)
53 Personen mit ,,Bauchleiden'' ohne genauere Bezeichnung

J Gynäkologie:
Bodeneinfluß bei
63 Personen mit Unterleibsleiden
 6 Eierstockerkrankungen (davon 1 Krebs)
57 Gebärmuttererkrankungen,
    (wie schwere Regelkrämpfe, starke Blutungen, 3 Polypen, 1 Zyste,
    6 Myome, 8 Krebs)
Bei bisher allen Fällen von Fehlgeburt (14) und Frühgeburt (1) und
Totgeburt (2) konnte starker Bodeneinfluß festgestellt werden. Vier
Kinder starben wenige Tage nach der Geburt!
Rutenmeister Adolf Flachenegger hat eine Liste, auf der **47 ,,Wunsch-
kinder''** verzeichnet sind. Diese konnten von der Mutter oft erst nach
vielen Jahren des Wartens, und zwar erst nach dem Verlassen der
Störzonenkreuzung, empfangen und gesund geboren werden.

K Bodeneinfluß bei
180 Personen mit rheumatischen Krankheiten, auch Lähmungen,
5 Personen hatten jahrelang **totale Lähmung!** Davon hatten 2 Personen den Bettplatz über einer ,,Wasserkreuzung'' (W × W) und 3 Personen den Bettplatz über einer Currykreuzung und Wasserader
(W × C × C)

Zusammenfassung: Bei all diesen Kranken von A bis K konnte der Bodeneinfluß festgestellt werden, und zwar ohne Ausnahme, also zu 100 Prozent, als e i n e hintergründige Ursache!
Bei den „Gesunden" konnte stärkerer Bodeneinfluß nur in Ausnahmefällen, bei 5 Prozent festgestellt werden. D. h. diese Personen waren wegen großer Abwehrkraft, wegen stark wirkender positiver Kräfte, z. B. gesunder Höhenluft, „noch nicht erkrankt". Für gewöhnlich fand ich die Gesunden auf **„guten"** Schlafplätzen vor; auch das waren einige tausend.

Tatsachenfälle
bei pathogenen Sitz- und Stehplätzen

Verschiedene Plätze, besonders **Arbeitsplätze,** auf denen sich der Mensch täglich viele Stunden lang aufhält, können ,,pathogen", d. h. ,,durch Bodeneinfluß krankmachend" wirken, wenn sie über Störzonen, besonders über Störzonenkreuzungen, sind. Viele Menschen empfinden dort **Unruhe, Mißbehagen,** oft auch **Schmerzen** und **Verkrampfungen,** manchmal bis zur **Ohnmacht!**

Bei den bisher registrierten **Ohnmachtsanfällen** (37) konnte beobachtet werden, daß diese **genau über einer Störzonenkreuzung ausgelöst wurden.** Meist handelte es sich allerdings um Personen, welche bereits durch nächtlichen Störzoneneinfluß geschwächt waren.

Bei der **Untersuchung von mehr als 500 Arbeitsplätzen** konnte immer wieder folgende Beobachtung gemacht werden:
Menschen, die ihren ständigen Arbeitsplatz über ,,gestörtem" Platz haben, fühlen meist Unbehagen und haben **langsamere, geringere, schlechtere und oft fehlerhafte Arbeitsleistung.**
Menschen, die ihren ständigen Arbeitsplatz ,,strahlungsfrei" haben, fühlen dort meist **Wohlbehagen** und haben meist eine **schnellere, größere und bessere Arbeitsleistung.**

Das gilt für alle Menschen, aber selbstverständlich für sensible oder für bereits kranke in einem höheren Maß.
Das gilt sowohl für Handwerker als für geistig Schaffende. Diese können auf strahlungsfreiem Platz **schöpferische Höchstleistungen** vollbringen.

1084   Ohnmacht beim Telefon über einer Kreuzung von zwei Wasseradern und einem Currystreifen

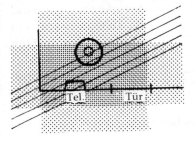

erlitten **drei Personen** in Steinach am Brenner.

1. Vater starb sofort,
2. Mutter und
3. Sohn wurden weggetragen und kamen wieder zu sich. Die Ohnmachtsanfälle ereigneten sich zeitlich getrennt.

1486 c   Der Chemiker in Salzburg

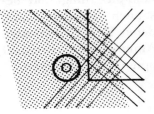

verspürte auf diesem **Labor-Arbeitsplatz** Unbehagen, Fibrieren, Nervosität.

Der Test war oft mißglückt und mußte oft wiederholt werden. **Auf dem strahlungsfreien Platz passierte solches nie!**

759   Ein Bankdirektor

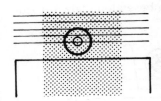

hat seit zwei Monaten eine neue Kanzlei. Seither hält er es auf seinem Platz beim Schreibtisch nie länger als zwei Stunden aus! Er bekommt immer **arge Schmerzen am Hinterkopf!**

Sofort Umstellung! Seither keine Schmerzen mehr!

1123 Standorte einer Bibliothekarin in Niederösterreich:

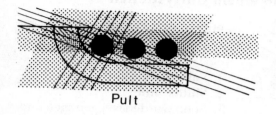

Pult

Am Abend empfand die Bibliothekarin ein **Vibrieren am ganzen Körper** und große Müdigkeit. Sie wurde schwer krank. Magistratsdirektor gab die Erlaubnis zum **Umbau!** Seither besseres Befinden der Bibliothekarin.

899 Operationstisch im Krankenhaus soll unbedingt „unbe-

strahlt" stehen, damit a) der **Operateur** unverkrampft, ruhig und besonnen arbeiten kann, damit b) beim **Patienten** Atmung und Kreislauf optimal funktionieren.

1143 Auf Schalterplatz 2

im Postamt F. in Kärnten empfinden die Postbeamtinnen Unruhe, Schmerzen und sind oft im „Krankenstand", auf Platz 1 fühlen sie sich wohl!
Empfehlung: Platz 2 freizulassen und den unbesetzten Platz 3 einzunehmen!

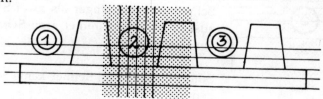

1440 Kongreßteilnehmer in Brixen in Südtirol 1974 fühlten sich im Saal nicht wohl.

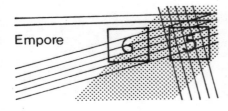

Empore

Platz 5: **Arzt** empfand den Platz wegen „Zugluft", wie er meinte, **unausstehlich** und **verließ** während des Vortrages **den Raum.**

Platz 6: **Redakteurin** hatte den ganzen Tag **Kopfschmerzen!**

Auf anderen Plätzen fühlten sich beide Teilnehmer wohl!
Menschen, die **hochsensibel** oder **organisch krank** sind, empfinden bereits nach kürzester Zeit über Kreuzungen Mißbehagen und Schmerzen!

Weitere Statistiken, deren genauere Auswertung und genauere Veranschaulichung, sind für eine spätere Arbeit vorgesehen. Lediglich für Krebs soll im IV. Teil eine solche gebracht werden.
Als „Nichtmediziner" ist es mir auch nicht möglich, nähere Nachforschungen über die Gründe anzustellen, warum bei einigen nur eine langsame und geringe Besserung nach dem Ortswechsel zu verzeichnen ist. Bei einigen dürfte der Körper durch viele und schwere Medikamente schon völlig umgestimmt worden sein.

IV. Teil

Folgerungen

1. Prophylaxe und Hilfeleistung durch die Radiästhesie sind also wirklich möglich

So besteht für die **Neurologie** durch Standortveränderung eine Möglichkeit, bei Patienten Verkrampfungen zu lösen, chronische Schmerzen, für die es bisher kein wirksames Mittel gab, zu beheben und eher als bisher dem Schwermütigen und Lebensmüden neuen Mut zu geben.
Der Migränekranke wird nicht mehr gezwungen sein, nur schmerzstillende Mittel einzunehmen, die, wie ein medizinisches Symposion in Wien am 29. November 1973 feststellte, bei jahrelanger Verwendung zu Nierenschäden führen können[70].

Für die **Kinderheilkunde** besteht durch eine Standortveränderung die Möglichkeit einer Hilfe bei Kindern, die schreien, weinen, sich im Bett umherwälzen, aufstehen und flüchten.
Für die Persönlichkeitsbildung des Kindes ist es von größter Bedeutung, daß es gerade im ersten Lebensjahr Ruhe und Geborgenheit erfährt und nicht den „unbekannten" Angriffen bis zur Erschöpfung hilflos preisgegeben ist.

Für die **Chirurgie** besteht in der Empfehlung einer Standortveränderung die Möglichkeit, dem Patienten, besonders dem Krebsoperierten, eine noch bessere Heilungschance zu geben.

Für die **interne Medizin** und auch für **alle anderen Fachgebiete der Heilkunde** besteht die Möglichkeit, einen erfahrenen Rutengänger

211

zur Aufhellung von Krankheitsursachen bei all den bisher ungeklärten Fällen heranzuziehen. Ein gewissenhafter Arzt gibt sich nicht damit zufrieden, nur die Symptome zu bekämpfen, das Fieber, die Geschwulst, sondern er forscht nach der Ursache und bemüht sich, diese auszuschalten. Ja, die Radiästhesie bietet nicht nur eine **Chance bei der Behandlung,** sondern auch **für die Prophylaxe,** und gerade dafür sollen wir sie in noch größerem Maße als bisher nützen.

Für die **Gynäkologie** besteht in vielen Fällen, die bisher im dunkeln lagen, die bisher unbeeinflußbar waren, durch Standortveränderung eine Möglichkeit zur Hilfe. Sie kann nun eher der Erkrankung des Kindes im Mutterleib, dem Abortus, der Frühgeburt und der verkrampften und schwierigen Entbindung vorbeugen.

Deprimierend war eine Radiosendung am 22. Februar 1974. Professor Rett und Professor Rosenkranz sprachen über die Schädigungen bei Frühgeburtkindern[71]. In welch hohem Maße kann hier die Radiästhesie der Prophylaxe dienen, wenn sie angenommen wird!

Interessierten Fachärzten und Wissenschaftern bin ich bereit, auf Wunsch zehn Fotopausen von weiteren, jeweils für **ihr** Fachgebiet bedeutsamen Fällen zuzusenden. Es können auch spezielle Wünsche geäußert werden.

2. Nutzen für die Volkswirtschaft

Im Rundfunk (Ö I) hieß es bei den Nachrichten am 28. November 1974, daß die **rheumatischen Krankheiten** bei der Ursache der Arbeitsausfälle an erster Stelle stehen und in Österreich jährlich einen **Milliarden-Schaden** ausmachen.

Die Beachtung der Erkenntnisse der Radiästhesie könnte also nicht nur zum Nutzen der **Volksgesundheit,** sondern auch zum Nutzen der **Volkswirtschaft** sein!

212

3. Das Krebs-Problem

Wegen seiner großen Bedeutung möchte ich dieses Problem noch eigens behandeln.
Krebs ist bei uns in Österreich nach den Kreislauferkrankungen noch immer die häufigste Todesursache, auch bei Kindern.

a) Freiherr Gustav von Pohl[72] untersuchte 1930 unter Mitwirkung amtlicher Stellen die niederbayrische Stadt Vilsbiburg hinsichtlich unterirdischer Wasserläufe und zeichnete diese in den Stadtplan ein. Die **Sanitätsbehörde** schrieb gleichzeitig, aber vollkommen unabhängig davon, alle in den letzten Jahren an Krebs Verstorbenen heraus und zeichnete diese Häuser der 54 Krebstodesfälle in einen anderen Stadtplan ein. Es ergab sich die überraschende Tatsache der Übereinstimmung. Dies wurde in einem **Protokoll** festgehalten. Es ist das besondere Verdienst von Frau Erika **Herbst** (Fortschritt für alle-Verlag, D-8501 Feucht), daß sie dieses wertvolle Buch mit den überzeugenden Berichten in einer Neuauflage herausbrachte: ,,Erdstrahlen als Krankheits- und Krebserreger''. Als ich meine Forschungsarbeit durchführte, war mir dieses Buch noch nicht zugänglich. Erst vor dem Druck der 3. Auflage meines Buches konnte ich das Werk Pohls lesen, und zwar mit sehr großem Interesse. Dabei wurde mir immer wieder klar, wie verschiedene Rutengänger, voneinander völlig unabhängig, gleiche Erfahrungen machen und daraus gleiche Erkenntnisse gewinnen.

b) Der bekannte Krebsforscher Dr. v. Brehmer[28] bekannte schon 1932, daß man Wünschelrute und Pendel nicht ablehnen dürfe.

c) **Praktizierende Ärzte** nehmen Stellung dazu:
Der praktische Arzt Dr. med. Arnold Mannlicher schrieb in der Schweizer Zeitschrift RGS, daß er in seiner 30jährigen Praxis nicht **einen** Krebsfall gefunden habe, wo nicht Erdeinflüsse vorhanden gewesen wären. Er sei davon überzeugt, daß **Krebs eine Standortkrankheit** und der **Bodeneinfluß der grundlegende Faktor** sei. Frei-

lich komme dazu noch ein zweiter Faktor, ein auslösender, z. B. das schlampige Kauen bei Magenkrebs, das starke Rauchen bei Lungenkrebs oder eine Verletzung, bei der die Wunde wegen der bestrahlten Zone nicht ausheilen kann oder starke chemische Einflüsse u. a. m. Dr. med. Manfred Curry schreibt in seinem schon erwähnten Aufsatz, daß **Krebsoperierte** nach der Operation unbedingt einen störzonenfreien Bettplatz brauchen. Er gibt auch Empfehlungen für eine Diät des Krebskranken.

Dr. med. Josef I s s e l s , Chefarzt der Ringberg-Klink, der namhafte Krebsforscher, widmet in seinem für die Ärzte, aber auch für Laien besonders lesenswerten Buch **„Mehr Heilungen von Krebs"** (Helfer-Verlag Bad Homburg) dem Einfluß der Erdstrahlen ein eigenes Kapitel: „Die Bedeutung der Biosphäre für das Krebsgeschehen". Er schreibt, daß er eine Kreuzung der terrestrischen Strahlen als Mitursache von Krebs ansieht und dies auch unter Beweis gestellt hat. Den chronisch Kranken empfiehlt er die Verlegung von Schlaf- und Arbeitsplatz auf reizfreie Stellen. (Ich hatte Gelegenheit, diesen erfolgreichen Arzt persönlich kennenzulernen. Nachdem er mein Buch gelesen und als „ganz ausgezeichnet" beurteilt hatte, lud er mich zur Untersuchung seines Wohnhauses ein.)

Dr. Issels schreibt, daß auch führende **Chirurgen,** wie die Professoren Dr. H o c h e n e g g und Dr. N o t h n a g e l in Wien sowie Professor Dr. S a u e r b r u c h in Berlin, jedem operierten Krebspatienten rieten, sich unter keinen Umständen wieder in das Bett zu legen, in welchem er krank geworden sei. Sonst wären unter Umständen alle Mühen und Opfer vergeblich, wenn diese Teilursache nicht ausgeschaltet würde!

Dr. med Dieter A s c h o f f[19], Wuppertal, schreibt in seinem Aufsatz „Welche Fragen zum Krebs- und Reizzonen-Problem stellt man uns heute . . .?": „Die offizielle Wissenschaft hat trotz jahrzehntelanger aufwendigster Krebsforschung keine Krebsursache finden können,

214

mit Ausnahme des Krebses durch ionisierende Strahlung, wie Röntgen-, Radium- oder andere Strahlenkrebse. Jedoch ist der Anteil dieser von der Schulwissenschaft bereits anerkannten, durch ionisierende Strahlung verursachten Krebsfälle so gering, daß er kaum ins Gewicht fällt und die Wissenschaft selbst von dem noch ungelösten Krebsproblem spricht.

Die **Erdstrahlung** ist aber auch eine ionisierende Strahlung, so daß sie von der Wissenschaft zusammen mit anderen ionisierenden Strahlungen als Krebsursache anerkannt werden muß." An anderer Stelle (Vortrag vom 15. Mai 1976 in Dortmund) sagte Dr. Aschoff: ,,Ich selbst habe mit der UKW-Methode 130 Patienten-Betten vermessen und keinen chronischen Krankheitsfall gesehen, der nicht auf einer meßbaren Zone lag." Weiter berichtete er:

,,. . . 1934 veröffentlichte Dr. R a m b e a u , Vorsitzender der Ärztekammer in Marburg, die Ergebnisse seiner Messungen (mit Apparaten): alle Krebsfälle lagen auf vermeßbaren Reizzonen. Die Häuser, die nicht auf Reizzonen standen, zeigten einen besonders guten Gesundheitszustand der Bewohner.

1939 legte C o d y das Ergebnis einer sieben Jahre dauernden Meßarbeit in Le Havre vor. Das Resultat von ca. 10.000 Messungen (mit Apparaten) war: Über Krebsbetten ist eine senkrecht nach oben steigende, auch in den oberen Stockwerken nachweisbare, **ionisierende Strahlung meßbar.** ,,Nun ist die ionisierende Strahlung die einzige bis heute bekannte Krebsursache, die weltweit anerkannt wird."

Dr. med. Dieter A s c h o f f[19] ist es nun auch als erstem gelungen, die elektromagnetische Schwingung des Blutes physikalisch meßbar, also reproduzierbar, im **Bluttropfen-Test** praktisch auszuwerten. Die Träger von elektrisch schwingendem Blut lebten ausnahmslos auf geopathischen Reizstreifen am Schlaf- oder Arbeitsplatz, die Träger von magnetisch schwingendem Blut hatten keine geopathische Belastung und waren ,,gesund". Dr. A s c h o f f – und jetzt auch schon andere Ärzte – wie Dr. M o r e l l , Dr. R o s s a i n t , Dr. R o t h d a c h in München, Dr. Alfred L a u t n e r in Wien (die Aufzählung ist natürlich nicht vollständig!) leisten mit dem Blutstropfentest Hervorragendes für die Früherkennung einer Krankheit und auch für die Bestimmung der passenden Medikamente. Daher ist diese Methode besonders wertvoll für die **Früherkennung von Krebs** und somit eine **Chance für die Krebsheilung!**

„Für Ärzte ist die Methode des Bluttropfen-Testes ohne Vorkenntnisse leicht erlernbar. Die Teilnahme an einem **Einführungskurs** ist jedoch erforderlich!" So schreibt Dr. Aschoff.

Ich möchte interessierten Ärzten, Physikern und Radiästheten, aber auch Laien, das Studium aller Vorträge von Dr. Aschoff (Paffrath-Verlag, D-5630 Remscheid, Baisieperstraße 19a) wärmstens empfehlen, besonders der bahnbrechenden Vorträge „Elektromagnetische Eigenschaft des Blutes durch Reizzonen meßbar verändert" und „Der elektromagnetische Bluttest".

Dr. med. Ernst H a r t m a n n in Eberbach untersuchte die Schlafstelle seiner Krebspatienten mit dem UKW-Feldstärke-Meßgerät. Er schreibt („Tatsachen[4]. . .", S. 60): „Erschreckend war die Erkenntnis, daß unter den vielen Krebsschlafstellen, die der Verfasser untersucht hat, keine gefunden wurde, die nicht genau im Sitz des Krebses scharfe Veränderungen in der Feldstärkemessung aufgezeigt hätte.

Das Krebsproblem ist mit ein **geopathisches Problem** und darum ein **prophylaktisches Problem!"**

Auch der deutsche Heilpraktiker Hans S c h u m a n n in Lauf an der Pegnitz schreibt in seinem Buch **„Erfolgreiche Krebsbehandlung durch biologische Ganzheitsmethoden"** (Veritas-Verlag, Linz-Wien-Passau) auf Seite 40, daß bei allen seinen Krebspatienten der geopathische Einfluß als Mitursache vorhanden war. Nach dem

216

Schlafplatzwechsel seiner Krebspatienten konnten „geradezu verblüffende Ergebnisse" bei der Besserung des Gesamtbefindens erzielt werden. Dieses besonders empfehlenswerte Aufklärungsbuch von Hans Schumann über Ursachen und Entstehung des Krebses bis zum Heilerfolg durch Nutzung natürlicher Kräfte auf wissenschaftlicher Grundlage einschließlich einer besonderen **Diät und psychischen Betreuung** ist auch für den Laien gut verständlich und durch Abbildungen anschaulich. Selbstverständlich muß der Krebskranke beim vertrauten Arzt oder Heilpraktiker in Behandlung bleiben.

d) Alle „biologischen Rutengänger", wie Abbé Mermét, Schweiz, Adolf Flachenegger, Oberösterreich, Stadtrat Hugo Wurm, Linz, Johanna Langsenlehner, Niederösterreich, Ing. Czepl (Dietrich) und Dipl.-Ing. Richard Meisinger, Wien, Josef Rehrl (gestorben), Salzburg (in Dankbarkeit gedenke ich seiner, weil er mich vor vielen Jahren von der Störzonenkreuzung befreite!), viele deutsche Rutengänger, unter ihnen Bernhard P e t e r , der mein Buch in alle Welt verschickte, und viele, viele andere haben bei allen kritisch beobachteten Wohnungsuntersuchungen bei Krebskranken und Krebstoten den Einfluß einer Störzonenkreuzung festgestellt. Ich selbst konnte diese Feststellung bisher bei 500 Fällen von Krebs und anderen Zellwucherungen ohne Ausnahme machen. Ich hielt die Krebsfälle in einer eigenen Mappe fest! Ja, wir haben sogenannte „Krebsplätze" beobachtet, wo **mehrere Leute nacheinander** an der gleichen Stelle an Krebs erkrankten, oder mehrere Leute in **verschiedenen Stockwerken,** genau übereinander! Das sind **keine Hypothesen, sondern Tatsachen!**

Dazu führe ich eine Stelle aus dem Brief des Prof. Dr. Alois Felder, Linz, an: „Eben habe ich wieder Ihr Buch aus der Hand gelegt. Unter Tränen gestand mir die Frau meines Neffen im Kärntner Lavanttal, daß ihr Zwillingsbruder plötzlich unter furchtbaren Schmerzen **im Alter von 25 Jahren gestorben** sei. Im alten Haus sei er ein völlig gesunder Mensch gewesen. Als er aber 1975 ins neue Haus gezogen sei, habe sich seine Gesundheit ohne erkennbare Gründe so eigenartig verschlechtert. Auch die Ärzte hätten keinen Rat gewußt. Nach der Öffnung der **Schädeldecke** habe sich ein **Tumor** gezeigt, der innerhalb kurzer Zeit einen qualvollen Tod herbeigeführt habe.

Ich ließ mir daraufhin das Zimmer zeigen und griff zur Rute. Der Raum war derart intensiv „gestört", daß die Rute bei jedem halben Meter aufs stärkste ausschlug, vor allem am Kopfende des Bettes. Ich war **nach etwa 10 Minuten Rutentätigkeit derart „fertig"**, daß ich **am ganzen Körper zitterte und aufgeben mußte.**

Dieses Ergebnis – und noch einige andere, die ich hier nicht erwähne – soll für mich doch eine Verpflichtung sein, noch mehr in dieser Richtung zu tun. Ich bitte um Ihre Hilfe!"

Damit kein Mißverständnis zustande kommt, möchte ich nochmals **klarstellen:** Wir sagen nicht, daß über jeder Störzonenkreuzung Krebs entsteht, sondern wir sagen, daß wir bisher bei allen Krebskranken die Störzonenkreuzung vorgefunden haben. Wir wissen, daß auch andere Faktoren maßgeblich beteiligt sind. Jedenfalls aber ist diese **Erkenntnis der Mitbeteiligung der Störzonenkreuzung am Krebs** so bedeutungsvoll, daß sie von der Wissenschaft nicht weiterhin übersehen werden darf!

Erschüttert war ich beim **Krebs-Kongreß 1979 in Baden-Baden**[59] über die Ohnmacht, mit der noch immer von seiten der Schulmedizin dem Krebsgeschehen gegenübergestanden wird, wahrscheinlich deshalb, weil nicht an der Wurzel angesetzt wird, d. h. weil viel zuwenig nach den Ursachen der Entstehung geforscht wird. Vielleicht aber ist es als Zeichen einer jetzt größeren Bereitschaft der führenden Mediziner für die Radiästhesie und andere Außenseitermethoden zu werten, daß ich zur Teilnahme an diesem Kongreß eingeladen wurde und dort auch **einen Diskussionsbeitrag anhand meiner Dias über Krebs-Tatsachenfälle auf Störzonenkreuzungen** geben durfte. Es müssen aber aus dieser Information energisch auch die Konsequenzen gezogen werden!

Hier möchte ich nochmals darauf hinweisen, daß selbstverständlich für einen Kranken, das gilt auch für den Krebskranken, eine Bettumstellung allein nicht genügt, um zu genesen, sondern daß die ärztliche Behandlung und Betreuung in Anspruch genommen werden muß, welche jedoch erst voll zur Geltung kommen kann, sobald die Ursachen ausgeschaltet sind. Trotzdem sollte jeder Mensch sich in der heutigen Zeit mehr als bisher **auch selber um eine gesunde Lebensweise und um eine Mithilfe zur Genesung bemühen!** (Dann gäbe es auch weniger Krankenkassendefizit!) Dazu könnte vielleicht einige Literatur, die ich auch kenne und für sehr wertvoll halte, eine Anregung sein:

Breuß Rudolf, ,,Krebs, Leukämie, Ratschläge zur Vorbeugung und Behandlung vieler Krankheiten'' (Walter Margreiter, A-6714 Nüziders).

Häberle, P. Thomas: ,,Helfen und Heilen'' (Veritas-Verlag, Linz – Wien – Passau).

Issels, Dr. med. Josef: ,,Mehr Heilungen von Krebs'' (Helfer-Verlag, Bad Homburg).

Dr. Kuhl: ,,Schach dem Krebs'' (Humata-Verlag, CH 3000 Bern 6).

Neuner Hans, ,,Gesundheit aus der Natur'', Perlinger-Verlag, A 6300 Itter.

Schumann, Hans: ,,Erfolgreiche Krebsbehandlung durch biologische Ganzheitsmethoden'', Gesundleben-Verlag, D 6072 Drei-Eichen.

Treben, Maria: ,,Gesundheit aus der Apotheke Gottes''
Ennsthaler-Verlag, A 4400 Steyr.

e) Zwei deutsche **Universitäten,** das Hygiene-Institut in Heidelberg und ein Institut an der Technischen Hochschule in München, studieren nun an Hand von laufenden Versuchen, auch bei Pflanzen und Tieren, diese Erkenntnis und bestätigen sie bereits. „Der Krebs ist standortbedingt[73]!"

f) In der modernen **Krebsforschung** ist endlich erkannt worden, daß die **Abwehr des Körpers** angeregt werden muß. Dies wurde bei der **Krebstagung**[74] in Baden-Baden im Oktober 1973 gesagt.

Im gleichen Sinne stellte auch die israelische Krebsforscherin (Ö I/24. 2. 74, 17.00 Uhr) folgendes fest: „Der normale Körper erkennt die Fremdzellen und zerstört sie. Der kranke Körper kann sie nicht erkennen und daher nicht zerstören, und der Krebs wächst weiter. Darum ist es wichtig, daß wir **den Krebskranken mit einer höheren Widerstandskraft beschenken!"**

Ein Grazer Universitätsprofessor sagte bei einem Rundfunk-Interview am 16. Jänner 1974, daß die Gleichgültigkeit das Hauptübel in der heutigen Zeit im großen wie im kleinen sei, daß fadenscheinige Entschuldigungen sich oft als Bequemlichkeit entpuppen. Die Gleichgültigkeit verhindert auch die Möglichkeit der Früherkennung bei Krebs. Es setzt sich immer mehr die Meinung durch, daß die Krebserkrankung im wesentlichen von der **Immunitätslage des Körpers** abhängt.

Wenn diese Tatsache nun schon allgemein erkannt ist, dann ist zu hoffen, daß auch der zweite Schritt bald gesetzt wird, daß man zur Überzeugung kommt, daß das **Meiden der Bodeneinflüsse** eben **die erwünschte Abwehrkraft ermöglicht.**

g) Statistik

Krebs und andere Zellwucherungen (Karzinome, Myome, Polypen, Tumore . . .)

Bei den ersten **150 Personen** mit „Zellwucherungen" fand ich folgende Bodeneinflüsse vor:

W	0	**Alle Fälle von Zellwucherungen** (auch
C	0	Krebs) fand ich **genau über Störzonen-**
W × C	39	**kreuzungen** vor, dies bisher ohne Aus-
C × C	13	nahme, also zu 100 Prozent!
W × W	12	Diese „aufgeschlüsselte" Statistik
W × C × C	69	führte ich nach genau 150 Fällen von
W × W × C	10	„Zellwucherungen" durch. Auch die
W × W × C × C	7	350 seither beobachteten Fälle dieser Art
Zusammen	150	zeigten die gleichen Erfahrungen.

Nochmals betone ich, daß selbstverständlich noch andere Einflüsse zusätzlich mitwirken können. Ich verweise auf die Seiten 12, 32, 42, 84, 85, 205, 219 und 228.

4. Anregungen

Wenn mir immer wieder die Frage nach praktischen Vorschlägen vorgelegt wird, versuche ich folgende Anregungen zu geben, die natürlich je nach der konkreten Lage abgewandelt werden sollten:

a) Notwendige Maßnahmen wären

eine allgemeine Information und dadurch Bildung der öffentlichen Meinung,

ein Herantreten an die Schulmedizin durch überzeugende Information der Universitätsprofessoren, sodaß diese in der Folge auch das Gedankengut lehren,

die Vergabe von finanziellen Mitteln für die Forschungsarbeit der Radiästhesie (Forschungsstipendien, Schulungskurse für Rutengänger),

die offizielle Anstellung von Rutengängern, welche auf Grund einer **Prüfung** auch ein Diplom erhalten sollten . . .

b) Mithilfe aller bei der Verbreitung des Gedankengutes durch Empfehlungen.

Alle Menschen sollten sich gedrängt fühlen, ihr Wissen um diese Zusammenhänge in ihrem Bekanntenkreis zu verbreiten, um damit so manchem Leidenden eine Hilfe zu bieten. Wir alle sollen in unserer Umgebung jene Menschen in Schutz nehmen, die durch lieblose Worte, wie „eingebildeter Kranker", Hypochonder, Hysterische, Tachinierer oder Simulant gekränkt werden. Wir sollen darauf hinweisen, daß es sich sehr wahrscheinlich um Kranke über Störzonen handelt.

Der **Priester** könnte einem **Schwermütigen,** einem Verzweifelten, der von Selbstmordgedanken verfolgt wird, außer dem seelischen Trost, außer dem Hinweis auf die Kraft der guten und liebevollen Gedanken und die Macht des vertrauensvollen Gebetes, auch den praktischen Hinweis auf die mögliche Ursache und ihre Beseitigung durch Bettumstellung geben.

Ich verweise auf Pfarrer **Kneipp,** der neben seiner seelsorglichen Tätigkeit auch um die leibliche Gesundung der Kranken besorgt war. Er hat die heilenden Kräfte des Wassers erkannt und genützt, wogegen der Rutengänger die störenden und zerstörenden Kräfte des Wassers aufzeigen muß.

Der **Arzt** sollte bei der Suche nach der Ursache einer Erkrankung oft an die Bodeneinflüsse denken und die versuchsweise Bettumstellung empfehlen. Die Menschen sollen sich dabei auf ihre Beobachtungsgabe stützen.

Im besonderen sollten die Menschen von den Ärzten und auch von den Rutengängern in dieser Weise zur **Wahrnehmung** und Mitarbeit eingeladen werden, daß sie **nachdenken** sollen, ob es in der eigenen Familie oder bei Bekannten Bett- oder Arbeitsplätze gibt, auf welchen mehrere Personen hintereinander schwerste Erkrankungen mit tödlichem Ausgang erlitten haben. Von diesen Plätzen sollte zumindest ein bis eineinhalb Meter abgerückt werden, um weiteres Unglück hintanzuhalten.

Lehrer könnten bei **Konferenzen** Kurzreferate über geobiologische Einflüsse halten, Schüler höherer Klassen solche in **Biologiestunden**. Eine Kollegin kam auf diesen Gedanken und führte ihn sogleich, das Buch als Grundlage verwendend, auch mit Erfolg durch.

5. Ein hoffnungsvoller Ausblick:

a) „Bettumstellung auf gut Glück" bringt Hilfe!

Diese Tatsache möchte ich vor allem **den chronisch Schwerleidenden zum Trost sagen**! Sie haben die **große Wahrscheinlichkeit** bei einer versuchsweisen Veränderung des Bett- oder Arbeitsplatzes (je nachdem, auf welchem Platz sie Mißbefinden verspüren) um nur ein bis zwei Meter (siehe II/15) tatsächlich von der Kreuzung wegzukommen und dadurch einen **zumindest besseren Platz** zu finden. Das genügt in den meisten Fällen! Denn dann kann bereits die ärztliche Behandlung den erwünschten Dauererfolg bringen.

Ich weiß sehr viele Fälle, wo Ärzte bei chronisch Schwerkranken solch einen Rat gaben und dadurch einen besseren Heilerfolg erzielten.

Auch ich gab bei Vorträgen und in Briefen immer wieder solch einen Rat. Dafür, daß eine „Bettumstellung auf gut Glück" tatsächlich schon die erwünschte Abhilfe brachte, habe ich viele schriftliche

Beweise in der Hand. Von einigen berichtete ich bereits. Fünf weitere Beispiele möchte ich hier anführen:

Ein **Akademiker** in Kärnten, der unter argen Schlafstörungen litt, schrieb mir: „Seit der Bettumstellung ‚auf gut Glück' schlafe ich ausgezeichnet."

Eine Hausfrau schrieb mir, daß sie einen solchen Rat ihrer Freundin, einer **jungen, ständig kränklichen Frau,** gegeben habe, und daß jene seither sich wesentlich wohler fühle.

Zwei Fälle, bei denen Mütter den erwähnten Rat in der „Bunten Illustrierten" gelesen hatten, daraufhin das Bett ihres Sohnes verstellten und dabei auffälligen Erfolg hatten: Die eine Mutter, Gattin eines Professors, berichtete mir in einem Brief, sie habe das Bett ihres **Sechzehnjährigen,** der seit dem Bettplatzwechsel vor ein paar Jahren an Schlafstörungen litt, öfters krank war und ausgesprochenen Schulmißerfolg hatte, **wieder auf den alten Platz zurückgestellt.** Nun habe sie beobachtet, daß ihr Sohn seither wieder die ganze Nacht durchschlafe und keine Kopfschmerzen mehr habe. Auch sei **bei den mündlichen Prüfungen sofort eine Besserung eingetreten.**

Die andere Mutter erzählte nach dem Vortrag in Mondsee öffentlich, daß sie nach dem Lesen des oben genannten Berichtes das Bett ihres **Fünfjährigen, der in der Nacht immer viel geweint hatte,** verstellt habe. Seither schlafe er ruhig und gedeihe viel besser.

Dem Journalisten Dr. Günther **Winklbauer,** der in der „Bunten Illustrierten" am 18. Oktober 1973 unter dem Titel **„Am Fünfer ist der Sitzplatz schuld"** über meine Forschungsarbeit berichtete und somit dieses heute noch umstrittene, weil zuwenig bekannte Problem zur Sprache brachte, sei für seinen mutigen Einsatz herzlicher Dank gesagt. Nachrichten, die ich als Echo auf diesen Bericht erhielt, beweisen, daß seine Anregung auf fruchtbaren Boden gefallen ist.

Als fünften Fall gebe ich die schriftliche Bestätigung einer **Kindergärtnerin** wieder: „Jahre hindurch habe ich an schrecklichen Alpträumen gelitten, ich war **schon ganz verzweifelt.** Ich hörte, daß die-

224

ser Zustand möglicherweise mit Bodeneinflüssen zusammenhängt und verstellte auf ‚gut Glück' mein Bett. **Seit dieser Zeit schlafe ich gut und ohne jeden Alptraum."** Ganz sicher wird diese Kindergärtnerin den Vätern und Müttern ihrer Schutzbefohlenen von den Bodeneinflüssen erzählen und in erforderlichen Fällen diesen Rat, der ihr selber Wohlbefinden schenkte, weitergeben! Ich freue mich über jede Mitteilung, daß eine „Bettumstellung auf gut Glück" geholfen hat.

b) „Platz-Test" hat oft Erfolg!

Sehr viele Menschen sind selbst in der Lage, für sich einen „guten Platz" zu suchen und zu finden, wenn sie ihn nicht ohnehin schon haben. Es sind hiefür nur ein guter Wille und ein paar Stunden Zeit in aller Ruhe notwendig. Feinfühlige Menschen und solche, die in irgendeiner Weise manchmal Schmerzen haben, bringen diesen Test ziemlich sicher zustande. Diese Erkenntnis gewann ich im Laufe der Jahre, weil ich immer wieder beobachtete, daß viele Menschen diese guten Plätze bereits gefühlsmäßig gefunden hatten und gerne als Rastplatz einnahmen.

Ruhig stehend oder auf einem **Holzstuhl** sitzend, prüft man langsam – dabei in den Körper hineinhorchend, und zwar nicht verkrampft und ängstlich, sondern entspannt und froh – das gesamte Schlafzimmer Quadratmeter für Quadratmeter und macht sich dabei Notizen auf einem Plan. Dort, wo man sich wohl fühlt, kann man jeweils zehn Minuten bleiben. Die schlechten Plätze, wo man schwer durchatmen kann, Mißbefinden, Kribbeln, Ziehen, Krämpfe, Herzstechen oder verschiedene Schmerzen verspürt, soll man dagegen gleich wieder verlassen. Für das Bett braucht man bloß zwei Quadratmeter gesunden Platz, und diesen wird man ziemlich sicher finden.

So kann sich jeder selber helfen, auch ohne Rutengänger! Der Rutengänger sollte nur noch in besonders schwierigen Fällen, wo der „Platz-Test" nicht die gewünschte Klarheit erbrachte, zu Hilfe gerufen werden. In vielen Zuschriften wurde mir bereits die erfreuliche Tatsache mitgeteilt, daß Erwachsene und Kinder durch diesen „Platz-Test" selber den guten Schlafplatz fanden und sich seither wohler fühlen, daß manche Schüler seither besser lernen können.

Seit einigen Jahren lade ich am Ende einer Wohnungsuntersuchung meist die Bewohner ein, mit geschlossenen Augen die schlechten und die guten Plätze zu **fühlen**. Fast alle bringen diesen „Platz-Test" zustande. Sie sind zuerst skeptisch, verwundert, dann begeistert über diese **Entdeckung** und sagen: „Ja, jetzt bringen wir gerne das Opfer der Bettumstellung!" Für den Rutengänger ist dieses Spüren der Bewohner zugleich ein **Beweis** dafür, daß seine Angaben stimmen.

c) Geringen Störzoneneinfluß können wir alle ertragen!

Der Großteil der Menschen ist nicht den Störzonenkreuzungen ausgesetzt, sondern bloß geringem Einfluß. Beim Durchschauen meiner Tatsachenfälle könnte jemand irrtümlicherweise der Meinung verfallen, daß der Großteil der Menschheit solchen „Kreuzungen" ausgesetzt sei, weil ich sehr viele Beispiele davon brachte. Das stimmt natürlich nicht. Ich mußte aber wegen der Dokumentation, um die Wissenschafter zu überzeugen, eine große Anzahl schwerer Fälle auch tatsächlich anführen.

Für den Großteil der Menschen ist es **nicht** notwendig, einen **vollkommen strahlungsfreien Bett- und Arbeitsplatz zu haben**. Geringen Störzoneneinfluß können fast alle Menschen ertragen; besonders dann, wenn sie diesen durch natürliche, gesunde Lebensweise (siehe I/15) **und durch seelische Harmonie ausgleichen**. Auch diese Beobachtungen machte ich in sehr, sehr vielen Fällen. Außer den Radiästhetenverbänden geben auch noch andere Interessenverbände und Vereinigungen ihren Mitgliedern durch Vorträge, Kurse und Zeitschriften wertvolle Hinweise für ein natürliches, gesundes Leben.

Für Leser, die sich dafür interessieren, will ich im Anhang solche Verbände, die ich kenne, samt ihrer Anschrift anführen. Soviel mir bekannt ist, können deren Zeitschriften auch von „Nicht-Mitgliedern" bezogen werden.

Wenn ich Menschen antraf, die trotz stärkeren Störzoneneinflusses noch ziemlich gesund waren, so handelte es sich häufig um „Kneippianer". Übrigens sind viele Menschen der irrigen Meinung – ich gehörte früher zu ihnen –, daß es sich bei einer Kneippkur noch immer um eine „Roßkur" mit Kaltwasser-Anwendungen handle. Dabei bekommen sie schon eine Gänsehaut, wenn sie nur daran denken. Heute aber werden 80 Prozent der Güsse mit warmem Wasser durchgeführt, und es wird genau auf die Empfindlichkeit der jeweiligen Person abgestimmt. Außer den Bildungswerken waren es gerade die Kneipp-Vereine, die ihren Mitgliedern meine Erfahrungen als Rutengängerin vermitteln wollten und mich deshalb immer wieder zu Vorträgen einluden. Allen Veranstaltern sei herzlich gedankt für die stets beste Organisation und allen Zuhörern für das große Interesse.

Zum Schluß möchte ich nochmals klarstellen, daß ich nicht den Anspruch erhebe, alle schädigenden Umwelteinflüsse oder gar alle schädigenden Einflüsse überhaupt, erschöpfend behandelt zu haben. Ich wollte nur den Einfluß der unterirdischen Wasserläufe und des Curry-Netzes behandeln.

Der Tag wird kommen, an dem die nicht mehr zu leugnenden Einflüsse der Bodenstrahlungen die ihnen gebührende Beachtung finden und die **Verantwortlichen** die Möglichkeiten, die sich durch planmäßig durchgeführte Radiästhesie bieten, in entsprechender Weise in ihre Bemühungen einbeziehen werden!

Elektromagnetische Wellen gibt es schon seit Jahrmilliarden. Erst unser Jahrhundert hat sie näher erkannt und versteht es, sie sich verschiedentlich dienstbar zu machen (Rundfunk, Telefon, Fernsehen . . .). Bodeneinflüsse, Bodenstrahlungen kennen verschiedene Völker und Sensitive seit Jahrtausenden. Vielleicht ist es unserem Jahrhundert vorbehalten, sie näher zu erforschen und ihre Wirkungen auf den Menschen zu klären. Meine Arbeit sei hiezu ein Baustein.

Bitte legen Sie das Buch nicht aus der Hand mit dem Erschrecken darüber, daß es Störzonen-Kreuzungen gibt, sondern in der F r e u d e darüber, daß es viele gute Plätze gibt für Sie und auch für Ihre leidenden Mitmenschen! Wenn wir heute, in der Drangsal der Umweltschädigung, den Rat der Geobiologen, der Umweltforscher und der Baubiologen befolgen, auch das eigene Gespür einsetzen, dann werden wir – mit dankbarem Herzen gegen Gott – wieder das erleben, was wir allen Menschen von ganzem Herzen wünschen wollen:

F r i e d e   u n d   H e i l !

Interessenverbände — bemüht um natürliches, gesundes Leben:
Biologische Interessengemeinschaft Österreich, Paulinenstraße 16,
A-9020 Klagenfurt.

„Forschungskreis für Geobiologie": Vorsitzender: Dr. med. Ernst
Hartmann, Eberbach/Neckar. Die Schriftenreihe „Wetter, Boden,
Mensch" erscheint in zwangsloser Folge im Wilhelm-Krauth-Verlag, D-613 Eberbach.

„Gesellschaft für biologische und psychosomatische Medizin":
A-1010 Wien, Singerstraße 30.

„Internationaler Interessenverband ‚Bio-Leben' zur natürlichen Gesundheitsförderung" (Beratung und Hilfeleistung, speziell durch
Massage der Fußreflexzonen, der Bindegewebe und Lymphe): Vorsitzender: Ing. Franz Josef Eberling, A-4870 Pfaffing 1.

„Kneippbund" mit dem Ziel: Eine gesunde Familie, ein gesundes
Volk. Monatsschrift für kneippsche naturgemäße Lebens- und
Heilweise; für Österreich: 8700 Leoben, Gösser Straße 15.

„Verein für Radiästhesie", Sektion St. Gallen, mit der Monatsschrift
„Schweizerische Zeitschrift RGS" (Radiästhesie, Geopathie,
Strahlenbiologie); Verlag RGS, CH 9004 St. Gallen, Torstraße 9.

„Fachschaft deutscher Rutengänger". Leitung: Rutenmeister Ing.
Wilhelm Prenzyna, Sandweg 3, D-8411 Eilsbrunn.

„Zentrum für Radiästhesie" im Herold-Verlag, Dr. Wetzel, D-8000
München 71, Kirchbachweg 16 (sämtliche Fachliteratur, Pendel-
und Rutenmodelle in verschiedenen Ausführungen). Zeitschrift
für Radiästhesie erscheint vierteljährlich. „Curry-Netz", 3. Auflage.

Österr. Radiästheten-Verband, A-1070 Wien, Neustiftgasse 5/7.

„Verein natürlichen Lebens": Zentrale: A-6300 Wörgl (Monatsschrift).

„Weltbund zum Schutz des Lebens": Präsident: Prof. Günther
Schwab, A-5010 Salzburg, Postfach 251.

Vegetarier-Verbände in den verschiedenen Ländern.

Erster österr. Naturheilverein: A-1060 Wien, Esterhazygasse 30.

Institut für Baubiologie, D-8201 Neubeuern, Holzham 27.

Österr. Institut für Baubiologie, A-1030 Wien, Apostelgasse 39.

Beleg-Apparat (Quellen-Angabe)

B = Brief, Bestätigung, Beleg
L = Literatur- und Quellenverzeichnis, Autor, Titel Seite, Verlag
P = Protokoll der Tatsachenforschung
S = Skriptum eines Vortrages

Hochzahlen im Text:

1   L   Steinitz-Metzler Gertrud, Die Regenbogenbrücke, Herder-Verlag
2   P   N 1177 vom 5. 5. 1973, ,,Tatsachenforschung" von Käthe Bachler
3   B   Pädagogisches Institut Salzburg, 20. 6. 1972, Zl.: 72/R/Allg.
4   L   Fachschaft deutscher Rutengänger, Tatsachen und Dokumente zum Streit um die Wünschelrute, 17, Herold-Verlag
5   L   Hartmann, Dr. med. Ernst, Die Krankheit als Standortproblem, 26, Haug-Verl.
6   S   Österr. Radiästheten-Kongreß 1973, Puchberg bei Wels (beim Österr. Radiästheten-Verband erhältlich)
7   P   N 1587 vom 4. 4. 1975
8   L   Flachenegger Adolf, Mit Wünschelrute und Pendel, Stadt Gottes, März 1953, Verlag St. Gabriel, Mödling
9   L   Jaeckel Karl H., An den Grenzen menschlicher Fassungskraft, 41, Lehmann-Verlag
10   P   N 2820 vom 24. 3. 1980 in Bonn
11   P   Prof. Lotz: Tel.-Gespräch am 22. 7. 76
12   L   Flachenegger Adolf, Unterr.-Briefe für Rutengänger und Pendler, Selbstverlag, Wels
13   L   Dietrich F., Erdstrahlen? 55, Stadler, Villach
14   L   Kopp, Dr. Joseph, Interview, Zeitschrift ,,Das Haus", Okt. 1971
15   L   Ostrander Schroeder, PSI, 171, 173, Scherz-Verlag
16   L   Mermêt Abbé, Der Pendel als wissenschaftl. Instrument, Alsatia-Verlag
17   L   Dietrich F., Erdstrahlen? 57, Stadler, Villach, 1952
18   L   Curry, Dr. med. Manfred, Der Schlüssel zum Leben, Schweizer Verlagshaus, Zürich
19   L   Aschoff, Dr. med. Dieter, Fünf Vorträge über Erdstrahlen und Krebsentstehung, Fa. Paffrath, Druck K. G. Abt-Verlag, D-5630 Remscheid, Baisieperstraße 19a–b
20   L   Curry, Dr. med. Manfred, Zeitschrift für praktische Heilkunde ,,Hippokrates", 1952, Heft 7, Neuauflage im Herold-Verlag, München 1971
21   L   Curry, Dr. med. Manfred, wie oben, Heft 10, Neuaufl. im Herold-Verlag
22   L   Petschke, Dr. med., Vortrag, Erfahrungsheilkunde 1936/I
23   S   Österr. Radiästheten-Kongreß in Puchberg, Sept. 1975 (beziehbar beim Verband)
24   P   Silva-Bastos, Dr. Enrico da, N 980 vom 4. 9. 1972
25   L   Prokop, Dr. Otto, Wünschelrute, Erdstrahlen, Wissenschaft, 1955
26   L   Resch, DDr. P. Andreas, Resch-Verlag, A 6010 Innsbruck
27   P   Ravanelli, Dr. med. Oswald, N 1116 vom 20. 2. 1973
28   L   Dietrich F., Erdstrahlen? 150, Stadler, Villach, 1952
29   B   Briefe vorhanden (Beleg-Sammlung)
30   P   Stark, Dr. med. Wolfgang, Besuch am 18. 6. 1975
31   P   Schaber, Dr. med. Christian, 18. 12. 1970
32   P   Kolitscher, DDr. med. Lothar R. v., 9. 9. 1971
33   P   N 617 vom 2. 12. 1971

34	B	Polzer, Dr. med. Oswald, vom 16. 1. 1974
35	B	Graf, Dr. med. Franca, vom 19. 8. 1973
36	B	Steidle, Dr. med. Robert, vom 5. 8. 1974
37	P	Meusburger, Dr. med. Kurt, 19. 6. 1972
38	P	Rett, Dr. med. Andreas, N 1346 vom 2. 4. 1974, B vom 12. 6. 1974
39	P	Lara-Stohmann, Dr. Rolando, N 938 vom 11. 8. 1972
40	P	Resch, DDr. Andreas, N 1196 vom 17. 5. 1973
41	P	N 1381 vom 20. 5. 1974
42	P	Mair-Egg, Dr. med. Harald, 8. 9. 1974
43	L	Köhnlechner, Dr. Manfred, „Man stirbt nicht im August", Droemer-Knaur-Verlag, München-Zürich
44	P	Siehe die Anschriften im Anhang (Interessenverbände)
45	P	Gespräch am 8. 1. 1974
46	P	Gr. Statistik 1974
47	P	Gespräch am 22. 1. 1973
48	P	Brief des Bundesministeriums für Wissenschaft und Forschung vom 25. 6. 1975 Zl. 1.006/2-23/1975 Bericht der Presse: Wr. Kurier vom 10. 7. 1975: „Ist am Fünfer der Sitzplatz schuld?" von Paul Uccusic
49	P	Vorsprache mit Ing. Egon Sarcilly-Ernes am 15. 9. 1975
50	B	Hofmann, Dr. med. Hellmut, 4. 10. 1972
51	B	Endrös, Dipl.-Ing. Robert, 1. 10. 1973
52	B	Frau Waltraud, S. 1. 8. 1973
53	B	Madersbacher Missionsbischof Bonifaz, 29. 12. 1973
54	B	Rosenhammer Missionsbischof José, 15. 8. 1972
55	B	Beleg-Sammlung
56	L	Müller Rudolf, Nahrung als Heilmittel, Verlag „Sonnseitig leben", Ch 3028 Spiegel-Bern
57	L	Bittmann Hildegard, „Gesünder leben mit Vollwert-Ernährung" (Ringmappe), Ruhland-Verlag, D-8262 Altötting
58	B	Referentenverzeichnis
59	S	Skriptum des Kongresses vorhanden
60	L	Reichenbach, Dr. Karl Freiherr v. Odisch, magnet. Briefe, Baumgartner-Verlag, 20 a Worphe-Billerbach
61	B	Brief der Frau Martha A. vom 4. 12. 1970
62	B	Brief der Frau N. vom 12. 8. 1974
63	S	Tagung in Salzburg, Sommer 1955, v. Frau Marga Müller, München
64	P	Protokoll über die Schüler-Befragung N 1021 c vom 16. 10. 1972, N 1021 d vom 16. 10. 1972, N 1027b vom 20. 10. 1972, N 1038b vom 27. 10 1972
65	B	Briefe vom 10. 11. 1972 und 3. 8. 1973
66	S	Pädag. Werkwoche in Salzburg, 25. 7. 1974, „Toleranz" v. Dr. med. F. Wurst
67	P	Vortrag mit Dias „Störzonen im Schulbetrieb" vor der Lehrerarbeitsgemeinschaft in Attnang, 4. 4. 1974, Bewilligung des Landesschulrates OÖ.
68	P	Dokumentarfilm von HOL Helmut Böhm, 2/b-Klasse, HS Attnang, 4. 4. 1974
69	B	Brief des P. Kunibert Reisinger, OSB, 19. 12. 1979
70	S	Nachrichten im Rundfunk Ö I am 30. 11. 1973
71	S	Vortrag im Rundfunk Ö I am 22. 2. 1974 (Stenogramm vorhanden)
72	L	Pohl, Freiherr Gustav v., Erdstrahlen als Krankheits- und Krebserreger, Neuauflage 1978: „Fortschritt für alle"-Verlag, D-8501 Feucht.
73	L	Herbst Erika, Fortschritt, D 8501 Feucht, Postfach 1230
74	S	Stenogramm-Skripten der Rundfunksendungen vorhanden

Literaturverzeichnis

Andreas Peter/ Kilian Caspar	„Die phantastische Wissenschaft" (Beweise für das Unglaubliche)	Econ-Verlag, Düsseldorf-Wien
Aschoff, Dr. Dieter	Vorträge über Krebsforschung, Krankheitsbehandlung, „Bluttropfen-Test" etc.	Paffrath-Verlag, D-5630 Remscheid
Bazill, P. Hartmann	„Radiästhesie, Pendelwissenschaft und Medizin"	Buchkunstverlag der Abtei Seckau
Bittmann Hildegard	„Gesünder leben mit Vollwerternährung" (Ringmappe)	Ruhland-Verlag, D-8262 Altötting
Breuß Rudolf	„Krebs, Leukämie"	Walter Margreiter, A-6714 Nüziders
Brik Hans Theodor	„Und nach dem Tode?"	Veritas-Verlag, Linz
Gesammelte Aufsätze nach Curry, Dr. Manfred	„Curry-Netz", 2. Auflage, 1980 (Ozon-Klimakammer-Test, Reaktionstyp, Reaktionslinien-System)	Herold-Verlag, München 71
Curry, Dr. Manfred	„Der Schlüssel zum Leben"	Schweizer Druck- und Verlagshaus, Zürich
Dechant Jean-Marie	„Yoga für Christen"	Verlag Roiber, Luzern, Stuttgart
Dietrich F.	„Erdstrahlen?"	Verlag Stadler, Villach
Dietrich F.	„Gyromantie"	Verlag Stadler, Villach
Endrös Robert	„Die Strahlung der Erde und ihre Wirkung auf das Leben"	Paffrath-Verlag, D-5630 Remscheid
Fachschaft deutscher Rutengänger	„Tatsachen und Dokumente zum Streit um die Wünschelrute"	Herold-Verlag, München-Solln
Felder, Dr. Alois	„Der Mensch zwischen Kosmos und Chaos"	Veritas-Verlag, Linz
Flachenegger Adolf	Unterrichtsbriefe für Rutengänger und Pendler	Selbstverlag, A-4600 Wels

Fliess, Dr. W.	„Sieg der Lebensrhythmen"	Bauer-Verlag, Freiburg i. Br.
Forschungsinstitut für experimentelle Musikpsychologie Harrer, Univ.-Prof. Dr. Gerhart, Revers, Univ.-Prof. Dr. Wilhelm Josef	Studie „Musik und Vegetativum"	Ciba-Geigy, Basel, Schweiz
Häberle, P. Thomas	„Helfen und Heilen"	Veritas-Verlag, Linz
Hartmann, Dr. med. Ernst	„Krankheit als Standortproblem" 3. Auflage, 1976	Haug-Verlag, Heidelberg
Hay, Dr., und Walb, Dr.	Die Haysche Trennkost	Haug-Verlag, Heidelberg
Hoch, P. Ernst	„Strahlenfühligkeit – Umgang mit Rute und Pendel"	Veritas-Verlag, Linz–Wien
Issels, Dr. Josef	„Mehr Heilungen von Krebs"	Helfer-Verlag, Bad Homburg
Jaeckel, Ing. Karlheinz	„An den Grenzen menschlicher Fassungskraft"	Lehmann-Verlag, München 1955
Kaufmann, Dr. Werner	„Wasseradern, Wünschelrute, Wissenschaft und Wirklichkeit"	Eigenverlag, D-6301 Atzbach, Bergstraße 15
Köhnlechner, Dr. Manfred	„Man stirbt nicht im August"	Droemer-Knaur-Verlag, München-Zürich
König, Univ.-Prof. Dr. Herbert L.	Unsichtbare Umwelt	Eigenverlag, München
Kopp, Dr. Josef	„Gesundheitsschädliche und bautenschädliche Einflüsse von Bodenreizen"	Schweizer Verlagshaus-AG, Zürich
Kuhl, Dr.	„Schach dem Krebs"	Humata-Verlag, CH 3000 Bern 6
Kumpe Walter	„Machen unsere Häuser uns krank?"	Paffrath-Druck, Remscheid
Mannlicher, Dr. Arnold	„Zur Lösung des Krebsproblems"	Welsermühl, Wels
Mermét, Abbé	Der Pendel als wissenschaftliches Instrument	Alsatia, Colmar

233

Mohlberg, DDr. Cunibert	Candi, Briefe an Tschü	RSG-Verlag, St. Gallen
Müller Rudolf	Nahrung als Heilmittel	Verlag „Sonnseitig leben", 3028 Spiegel, Bern
Murphy	„Die Macht Ihres Unterbewußtseins"	Ramon-Keller-Verlag
Neuner Hans	„Gesundheit aus der Natur"	Perlinger-Verlag, A-6300 Itter
Ostrander Sch./ Schroeder L.	PSI	Scherz, Bern-München-Wien
Peale, Dr. Norman Vincent	„Die Kraft des positiven Denkens"	Oesch-Verlag, Thalwil-Zürich
Pohl, Frh. Gustav v.	„Erdstrahlen als Krankheits- und Krebserreger"	„Fortschritt für alle"-Verlag, D-8501 Feucht
Reichenbach, Dr. Karl Freih. v.	„Odisch-magnetische Briefe"	Baumgartner-Verlag, 20a Worphe-Billerbech
Schneider, Dr. Anton	Schriftenreihe „Gesundes Wohnen"	Institut für Baubiologie, D-8201 Neubeuern, Holzham 27
Schneider, Phys. Reinhard	Leitfaden und Lehrkurs der Ruten- und Pendelkunst	Oktogon-Verlag, Wertheim
Schumann Hans	„Erfolgreiche Krebsbehandlung"	Gesundleben-Verlag, D 6072 Drei-Eichen
Stelter Alfred	PSI-Heilung	Scherz-Verlag
Streuer Marianne	„Gesundheit für ein ganzes Leben"	Econ-Verlag, Düsseldorf-Wien
Thetter Rudolf	„Magnetismus, das Urheilmittel"	Verlag Gerlich und Wiedling, Wien I, 1956
Treben Maria	„Gesundheit aus der Apotheke Gottes"	Ennsthaler-Verlag, A 4400 Steyr
Uccusic Paul	„Naturheiler"	Verlag Ariston, Genf
Zeitschrift des Forschungskreises für Geobiologie	„Wetter, Boden, Mensch"	Dr. med. Ernst Hartmann, Eberbach

Monatszeitschrift des „Deutschen Radiästh.-Verb.	Zeitschrift für „Radiästhesie"	Herold-Verlag, München-Solln
Monatszeitschrift des Schweizer Radiästheten-Verb.	RGS (Radiästhesie, Geopathie, Strahlenbiologie)	RGS-Verlag, St. Gallen, Schweiz
Vierteljahreszeitschrift	„Fostra"-Mitteilungen („Strath-Idee")	Fostra, D-8405 Donaustauf
Herbst Erika	„Fortschritt für alle" (Sonderheft für aktive Menschen, die eine bessere Welt mitgestalten wollen)	D-8501 Feucht, Postfach 93

Skripten von Tagungen und Vorträgen:
- Wissenschaftliche Vorträge im Rundfunk.
- Pädag.-Psychologische Woche in Salzburg 1969.
- Lehrerfortbildung: Vortrag von Dr. med. Weinkamer: „Gehirnentzündung und Gehirnhautentzündung und ihre Folgen."
- Wochenend-Seminare für Rutengänger von Adolf Flachenegger 1970, 1972, 1973, 1974.
- Kurs für Autogenes Training von Facharzt Dr. med. Kurt Meusburger, Salzburg
- Tagungen „Arzt und Seelsorger" in Bad Ischl 1973, 1974, 1975 (Univ.-Prof. Dr. med. Gastager, Salzburg).
- Österr. Radiästheten-Kongreß in Puchberg 1973[6].
- Wochenend-Seminar für Rutengänger in Kempten von Dr. W. Kaufmann, Gießen, 1973.
- Paracelsustagung in Salzburg 1973.
- „Radiästhesie in ärztlicher Sicht", Vortrag in Ried 1974 von Dr. med. Franca L. Graf, Salzburg.
- Kneipp-Kongreß in Villach 1974.
- Pädag. Werkwoche in Salzburg 1974 (Univ.-Prof. Dr. med. Wurst u. a.).
- Salzburger Hochschulwochen 1975 (Univ.-Prof. Dr. med. Ringel).
- Österr. Radiästheten-Kongreß in Puchberg 1975[22], 1977, 1979, 1981.

Die Autorin des Buches, die Lehrerin Käthe Bachler, hat als Rutengängerin wiederholt festgestellt, daß bei manchen Schulkindern das Schulversagen durch geopathische Störzonen der Schlafstelle verursacht wurde.

Das Pädagogische Institut in Salzburg erteilte ihr daraufhin den Forschungsauftrag, ihre Feststellungen, daß Schulversagen durch geopathische Störzonen verursacht werden können, durch entsprechende empirische Untersuchungen zu untermauern. Das Ergebnis dieses Forschungsauftrages wird im vorliegenden Buch durch Tatsachenberichte vorgelegt. Darüber hinaus beinhaltet dieses Buch auch eine Reihe von Untersuchungsergebnissen von Schlaf- und Arbeitsplätzen Erwachsener.

Urteile über das Buch:

Univ.-Prof. Dr. Paul Weingartner, Vorstand des Institutes für Philosophie, Lehrkanzel II, Salzburg, schreibt: „Ich habe mit großem Interesse Käthe Bachlers Abhandlung gelesen und konnte auch Einsicht in das genauest geordnete Nachweismaterial nehmen. Die Lektüre des Buches kann ich jedermann, besonders aber Eltern, Lehrern und Erziehern wärmstens empfehlen."

Der Arzt Dr. Johannes Göbel, Hersbruck bei Nürnberg, schreibt: „Das Buch hat mich sehr begeistert . . . Der wertvolle Tatsachenbericht zeigt ganz klar dieses heute mehr als früher so wichtige Problem der Geopathie . . ."

Der Präsident des Österr. Verbandes für Radiästhesie, Ing. Theodor Czepl, Wien, schreibt: „Ich freue mich außerordentlich über Ihre erfolgreiche Arbeit und bin überzeugt, daß diese für die Radiästhesie reichste Früchte bringen wird."

Der anerkannte österreichische Rutenmeister Adolf Flachenegger, Wels, schreibt: „Mit großer Freude und Dankbarkeit erhielt ich das Buch. Meine vollste Anerkennung zu dem großen, mutigen Wurf! Das Buch ist mit viel Liebe und Gottvertrauen geschrieben. Ich wünsche ihm den verdienten Erfolg, wenn es nun hinausgeht in die weite Welt!".

Der Environtologe Dr. Werner Kaufmann, führendes Mitglied des deutschen Forschungskreises für Geobiologie, schreibt:

„Ich habe vielen, vielen Menschen Ihr Buch sehr empfohlen. Ich kann Ihnen nur von ganzem Herzen gratulieren!"

Weihbischof Jakob Mayr, Salzburg, schreibt: „Für Ihr Buch möchte ich mich sehr herzlich bedanken. Ich habe es mit sehr großem Interesse gelesen und freue mich, daß Sie so vielen Menschen helfen konnten . . ."

Urteil eines Pädagogen: Reg.-Rat Dr. Franz Penninger, Vizepräsident des Landesschulrates für Salzburg, schreibt: „Das Buch bringt wertvolle neue Erkenntnisse und wird von Ärzten und Pädagogen für Lehrer als praktische Lektüre empfohlen. Ich selbst konnte mich vom Wert des Buches überzeugen. Ebenso habe ich viele Dankschreiben von Eltern gelesen, deren Kinder nach Befolgung der Ratschläge Frau Bachlers plötzlich gute Lernerfolge aufwiesen, da sich ihr physischer Zustand gebessert hatte."

Der Südtiroler Arzt Dr. Harald Mair Egg, seit vielen Jahren selbst erfolgreicher Radiästhet, schreibt: „. . . Ich glaube wirklich, daß dieses neue Buch eine auf diesem Gebiet seit langem bestehende Lücke ausfüllen kann. Bei meinen Vorträgen über geobiologische Einflüsse kann mir das Buch als Merk- und Weiterbildungsgrundlage für die Zuhörer gute Dienste leisten . . ."

Der österreichische Arzt Dr. Oswald Polzer schreibt: „Ich bin vom Buch restlos begeistert und empfehle es meinen Patienten."

Der Herold-Verlag, Dr. Wetzel, München, urteilt: „Das Buch ist ganz ausgezeichnet! Es wird sehr viel verlangt, besonders auch von Ärzten, die Ihr Tatsachenmaterial sehr schätzen."

Die Büchereileiterin Frau Johanna Langsenlehner, Waidhofen/Ybbs, urteilt: „Ein hochaktuelles Buch für jede Bücherei! Es vermag einen besonders großen Leserkreis anzusprechen, denn es bringt in klarer, einfacher Sprache, inhaltlich für jeden gut verständlich, eine Fülle wertvoller, interessanter Tatsachen und Erkenntnisse. Ich persönlich wurde tief beeindruckt."